Anonymus

# Alphabetisches Verzeichnis aller bekannten Freimaurer

Logen aus öffentlichen Urkunden dieser ehrwürdigen Gesellschaft

zusammengetragen

Anonymus

**Alphabetisches Verzeichnis aller bekannten Freimaurer**
*Logen aus öffentlichen Urkunden dieser ehrwürdigen Gesellschaft
zusammengetragen*

ISBN/EAN: 9783743303980

Hergestellt in Europa, USA, Kanada, Australien, Japan

Cover: Foto ©Thomas Meinert / pixelio.de

Manufactured and distributed by brebook publishing software
(www.brebook.com)

Anonymus

**Alphabetisches Verzeichnis aller bekannten Freimaurer**

# Alphabetisches Verzeichnis

### aller bekannten

# Freimaurer Logen

#### aus

### oeffentlichen Urkunden

### dieser ehrwürdigen Gesellschaft

#### zusammen getragen.

Leipzig,

bey Adam Friedr. Boehme

1778.

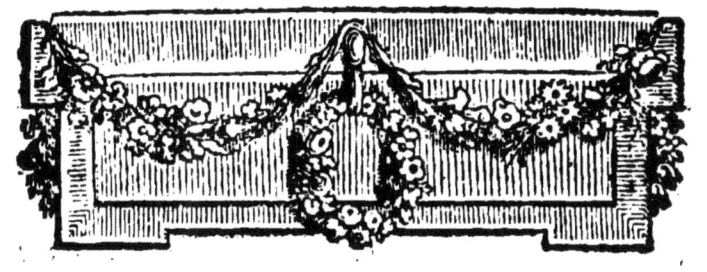

# Vorerinnerung.

Freimaurer ſowohl, als auch Profane hofften immer auf ein allgemeines Logenverzeichnis, auf ein Verzeichnis, welches ſo vollſtändig als möglich wäre. Man hoffte, die vereinigten Logen in Teutſchland, die durch ihre Bruderliebe

ſo

so glänzen, wie man aus ihren Schriften, aus ihren Denkmälern sieht, wür-
den diejenigen Logen, welche nicht zu ihnen
gehören, in ihrem iährlichen Kalender liefern,
da der englische Kalender sich kein Bedenken
daraus macht, ihre Namen vorzuführen.
Allein, diese Hoffnung verschwand auch, als sie
deklarirten, sie dürften noch nicht. Da also
dieses nicht geschahe, so liefert man hier ein
Verzeichnis, so vollständig als möglich. Quel-
len dazu waren

1) *A New and correct List of all
the regular Lodges. Lond. 1776.*

8. in

8. in Kupfer geſtochen. *Enthält blos diejenigen Logen, welche unter engliſcher Conſtitution ſtehen.*

2) *The Free Maſons Calendar* Lond. 1775. 76. *Hier ſtehen die auswärtigen Logen, welche nicht unter Engliſcher Conſtitution ſtehen. Allein man kann ſich nicht ganz auf ſie verlaſſen, weil Logen darinnen ſtehen, die ſich in keinem andern Verzeichniſſe befinden. Ihre Exiſtenz ſcheint mir ſehr zweideutig zu ſeyn; ich habe daher es alle-*

3

## *Vorerinnerung.*

allemal bemerkt, wo der Ort nur allein in diesem Kalender genennt wird.

3) *Almanac des Francs Maçons.* *Amsterd.* 1776. 12. enthält die Holländischen Logen.

4) *Almanac des Francs - Maçons.* *Amsterd.* 1777. 12. hat die Französischen Logen.

5) *Anhang die Frei - Maurerei betreffend in Voßens Blumenlese.* *Lauenb.* 1776. 12. liefert diejenigen Logen

... Logen, welche unter der großen Lan-
des-Loge zu Berlin stehen.

6) *Almanach oder Taschenbuch für*
*die Brüder Freimaurer der verei-*
*nigten Logen. Hamb. 1776. 77. Hier*
*findet man diejenigen Logen, welche*
*ehemals unter dem Titel, der stricten*
*Observanz bekannt waren.*

Als Hülfsmittel habe ich ältere Logen
Listen, einzelne Schriften der Frei-Mau-
rer, und dergleichen mehr gebraucht.

Noch

## Vorerinnerung

Noch fehlen die Schwedischen Logen — die wenigen ausgenommen, welche in der Englischen Liste stehn — allein es war nicht möglich etwas auszuforschen, da sie weniger offenberzig sind, als andre.

Die innere Einrichtung dieses Verzeichnisses ist folgende.

1) Die Nummer. Es enthält accurat 891 Logen; worunter sich viele eingegangene befinden. Es würde sehr heilsam vor die Geschichte der Freimaurerei seyn, wenn man alle Logen anführen könnte, welche

pro-

projektirt, angefangen und eingegangen
find. Hier hat man nur einige anführen
wollen, um eine Probe davon zu geben.

2) Der Ort, wo fich die Loge befindet.

3) Das Land, wo der Ort liegt, aber nur
bei weniger bekannten oder auswärts gelegnen Oertern. Bei den englifchen Oertern
befindet fich gemeiniglich die Provinz, und
bei der Stadt London die Straße, in wel-
cher die Loge befindlich ift.

4) Na-

*4*) *Namen der Loge, welches bei den englischen Logen gewöhnlich der Name des
Wirthshauses ist, wo sie gehalten wird.*

*5*) *Sistem, oder, Anzeige unter welchem
Grosmeisterthume jede Loge steht. E. be-
deutet Englisch; Fr. Französisch; Z.
die grosse Landes Loge in Berlin
(weil der Herr von Zinnendorf sie stiftete)
H. Holländisch; S. O. vereinigte Logen in Teutschland. Ueberdieses noch
einige andere Zeichen.*

*6*) *Zeit*

6) *Zeit der Conſtitution*, welche vorzüglich bei den engliſchen Logen ſehr genau angegeben worden, bei den Franzöſiſchen und den Logen, die unter der groſſen Landes Loge zu Berlin ſtehen, hingegen gänzlich fehlen.

7) *Tag der Verſammlung*, bei den engliſchen und einigen vereinigten teutſchen Logen befindet ſich der Tag der Zuſammenkunft, bei den andern nicht.

8) *Andre Merkwürdigkeiten.*

Ohne Freymaurer zu ſeyn, habe ich dieſes Verzeichnis liefern können, da es jezt kein

Ge-

## Vorerinnerung.

Geheimnis mehr ist, und dasjenige, was Iohann Hübner im Naturlexico schrieb: dasf die Freimaurerei eine Sache sey, die in Tentschland nicht recht fortkommen wolle, keinesweges mehr paßt. Das äußere dieser teutschen und andrer außer England gelegnen Logen ist mehrentheils sehr prächtig, da hingegen die englischen Logen gewöhnlich in öffentlichen Gasthöfen gehalten werden, welches sie sich selbst im Freimaurer Kalender 1776. p. 36. vorwerfen. Ich habe teutsche Logen gesehen, die ganz vortrefflich, die fürstlich waren. Wie reizend musten sie erst demjenigen seyn, der sie als Bruder

besubefuchte? Wie prächtig mufs der Saal der groſſen Loge des heiligen Johannes zu Marſeille ſeyn? Eine Beſchreibung davon befindet ſich in der teutſchen Ueberſezung von Preſton's Erläuterung der Frei-Maurerei pag. 163.

Doch genug davon. Ich habe alles mögliche gethan, um das Verzeichniſs vollſtändig zu machen. Man wird Logen finden, die in keinem andern Verzeichniſſe ſtehen, aber ich ſtehe vor ihre Exiſtenz. Einige Logen, und zwar vorzüglich dieſe eben genannten, führen nur den Anfangsbuchſtaben des Orts.

Wo

## Vorerinnerung.

*Wo Dumheit oder Bigotterie oder privat Hass, oder sonst eine andre unrühmliche Ursache mit bleiernen Zepter die Gewissen zwingen will, da muss das Beispiel von Neapel weiser machen.*

*Wie ausgebreitet muss nicht eine Gesellschaft seyn, die in allen Welttheilen, und vorzüglich in jeder Gegend Europens, so viele Versammlungsörter hat?*

# Alphabetiſches Verzeichniſs

aller bekannten

# Freymäurer-Logen.

A

| No. | Ort | Land | Logenname | Sift. od. Gr. M. |
|---|---|---|---|---|
| 1 | Agen | | La Sincerité | Fr. |
| 2 | Alençon | | Les Coeurs zélès | Fr. |
| 3 | — — | | St. Chriftophe de la forte union | Fr. |
| 4 | Algier | | | E. |
| 5 | Alorst | Flandern | | E. |
| 6 | Altenburg | | Drei Reifsbreter | E. |
| 7 | Altona | | Pelican | Z. |
| 8 | Amfterdam | | La bien aimée | H. |
| 9 | — — | | Concordia vincit animos | H. |
| 10 | — — | | La Fidelité | H. |
| 11 | — — | | La Paix | H. |
| 12 | — — | | La Charité | H. |
| 13 | — — | | Virtutis et artis amici | H. |
| 14 | — — | | St. Louis | H. |
| 15 | — — | | L'Age d'Or | H. |

| Stiftung | Logentag | Vermifchte Sachen |
|---|---|---|
| | | *S.* |
| | | |
| | | |
| | | *ſteht in keiner Liſte* |
| *1765. 5. Jun.* | | |
| | | *gieng von Z. ab* |
| *1771.* | | |
| *1753.* | | *Provinzial - Loge ſeit den 25. April 1775.* |
| | | |
| | | |
| | | |
| *1756.* | | |
| *1763.* | | |
| *1757.* | | *Französiſche Loge* |
| *1758.* | | Dieſe zwey Logen ſtehen nicht in der Holländiſchen Liſte, ſondern im Engl. Kalender unter den Logen, welche nicht zur Conſtitution gehören. |

| No. | Ort | Land | Logenname | Sitt. od. Gr. M. |
|---|---|---|---|---|
| 16 | *Angouleme* | | *La parfaite union* | *Fr.* |
| 17 | *Annonag* | | *La vraie vertu* | *Fr.* |
| 18 | *Anspach* | | *Drei Sterne* | *S. O.* |
| 19 | *Antigua* | | *Evangelist's Lodge* | *E.* |
| 20 | — — | | *Lodge of Concorde* | *E.* |
| 21 | *Auxonne* | | *La parfaite Amitie.* | *Fr.* |
| | **B.** | | | |
| 22 | *Barbadoes* | | *St. Michels Lodge* | *E.* |
| 23 | — — | | *St. Peter's Lodge* | *E.* |
| 24 | — — | | *St. James's Lodge* | *E.* |
| 25 | — — | | *at Speights Town* | *E.* |
| 26 | *Bareuth* | | *Sonne* | *S. O.* |
| 27 | *Barnard Castle* | *Durham* | *Hare ond Hounds* | *E.* |
| 28 | *Barnstaple* | *Devonshire* | *Thee Fleece* | *E.* |
| 29 | *Basel* | | | *S. O.* |

| Stiftung | Logentag | Vermiſchte Sachen |
|---|---|---|
|  |  |  |
|  |  |  |
| 1769. |  |  |
| 1753. 10 Nov. |  |  |
|  |  |  |
|  |  |  |
|  |  |  |
| 1740. |  |  |
| 1752. 15 Dec. | 1 ☌ 3 ♄ |  |
| 1758. 20 Mart. |  |  |
|  |  |  |
| 1769. |  |  |
|  |  |  |
| 1762. 28 May | 1 ☌ 3 ☽ |  |
|  |  |  |

| No. | Ort | Land | Logenname | Stft. od. Gr. M. |
|---|---|---|---|---|
| 30 | Baſtia | Corſica | La parfaite union | Fr. |
| 31 | Batavia | | La vertueuſe | H. |
| 32 | — — | | La fidelé ſincerité | H. |
| 33 | Bath | | White Hart. | E. |
| 34 | — — | | Lodge of Vertu | E. |
| 35 | — — | | Greyhound and Shakeſpeare | E. |
| 36 | Bayaix | | La Conſtance | Fr. |
| 37 | Beautort | Anjou | Les Arts | Fr. |
| 38 | Beauvais | | St. Jean | Fr. |
| 39 | Bed Island | | | E. |
| 40 | Belgard | Pommern | Eintracht | Z. |
| 41 | Bencoolen | | Lodge No. 1. | E. |
| 42 | Bengal | | 12te Lodge | E. |
| 43 | — — | | the 7de Lodge | E. |
| 44 | — — | | the 8de Lodge | E. |

| Stiftung | Logentag | Vermifchte Sachen |
|---|---|---|
|  |  |  |
| *1767.* |  |  |
| *1771.* |  |  |
| *1733. 18 May* | 1 & 3 ♀ |  |
| *1769. 6 Jun.* | 2 & 4 ☾ |  |
| *1765. 20 Sept.* | 2 & 4 ♂ |  |
|  |  |  |
|  |  |  |
|  |  |  |
| *1765. 21 Dec.* | 1 & 3 ☿ |  |
|  |  |  |
|  |  |  |
| *1775.* |  | *in der dritten Brigade* |
|  |  | *gehört der erften Brigade* |
|  |  | *gehört der dritten Brigade* |

| No. | Ort | Land | Logenname | Stift. od. Gr. M. |
|---|---|---|---|---|
| 45 | *Bengal* | | *the 9de Lodge* | *E.* |
| 46 | — — | | *Salomon* | *H.* |
| 47 | — — | | | *E.* |
| 48 | — — | | *La Perſeverance* | *H.* |
| 49 | *Bergopzoom* | | *L'inſeparable* | *H.* |
| 50 | *Berlin* | | | *Z.* |
| 51 | — — | | *Bauherrn - Loge* | *Fr. Afr.* |
| 52 | — — | | *Drei goldne Schlüſſel* | *Z.* |
| 53 | — — | | *Drei Weltkugeln* | *S. O.* |
| 54 | — — | | *Eintracht* | *S. O.* |
| 55 | — — | | *Flammender Stern* | *S. O.* |
| 56 | — — | | *Frederic aux trois Seraphins* | *S. O.* |
| 57 | — — | | *goldnes Schiff* | *Z.* |
| 58 | — — | | *Pegaſus* | *Z.* |
| 59 | — — | | *Phönix* | *Z.* |

| Stiftung | Logentag | Vermifchte Sachen |
|---|---|---|
| | | *gehört der zweten Brigade* |
| *1759.* | . | *Prov. Gr. Mr.* |
| *1730.* | | *eingegangen* |
| *1771.* | | *im Englifchen Kalender* |
| *1767.* | | • |
| *1773.* | | *grofse Landes - Loge* |
| | | *arbeitet nicht mehr* |
| *1769.* | | |
| *1740.* | *24 Jun. 31 Dec.* | *Mutter-Loge u. Schott. Loge unter dem Namen Friedrich zum goldnen Löwen* |
| *1754. 9 Dec.* | *22 Febr. 24 Mart. 19 Apr. 24 Maj. 21 Jun. 18 Aug. 20 Spt. 20 Ott. 22 Nov. 15 Dec.* | *Das Patent war vom Baron von Bielefeld* |
| *1770.* | *6 Febr. 7 Mart. 3 April. 2 May. 6 Jun. 1 Aug. 4 Spt. 3 Ott. 6 Nov. 5 Dec.* | *ward 1774. den 1 Dec. zur militärifchen Loge gemacht* |
| *1774. 17 Aug.* | | *Französifche Loge* |
| *1771.* | . | |
| *1771.* | | |
| . | \ | |

| No. | Ort | Land | Logenname | Stift. od. Gr. M. |
|---|---|---|---|---|
| 60 | Berlin | | Royal Tork de l'amitié | E. |
| 61 | — — | | Stewards-Loge | Z. |
| 62 | — — | | Verschwiegenheit zu den drei geschlossnen Händen | S.O. |
| 63 | Bermuda | at Crow Lane | Union Lodge | E. |
| 64 | Biddeford | Devon-shire | | E. |
| 65 | Billey | Bugey | Les trois souhaits | Fr. |
| 66 | Birmingham | | The George | E. |
| 67 | — — | | King's Head | E. |
| 68 | — — | | St. George | E. |
| 69 | — — | | | E. |
| 70 | Blackwell | | King's Arms | E. |
| 71 | Blandford | Dorset-shire | Grey Hound | E. |
| 72 | Bois le Duc | | La Concorde | H. |
| 73 | Bolton Lee Moor | Lanca-shire | Anchor et Hope Lodge | E. |
| 74 | Bombay | Ost-In-dien | | E. |

| Stiftung | Logentag | Vermischte Sachen |
|---|---|---|
| 1755. | | *Französische Loge steht in der Englischen Liste* |
| 1773. | | *Nachahmung der Londner Stewards-Loge* |
| 1775. 4 Sept. | | |
| 1761. 17 Sept. | 1 ☿ | |
| 1762. 18 Mart. | | |
| | | S. |
| 1762. 23 Febr. | 1 & 3 ♂ | |
| 1733. | 1 & 3 ♀ | |
| | 1736. 20 Sept. | *Dieser Ort steht nicht in der Liste von 1776. wohl aber die Zeit ihrer Constitution, bey welcher man in den ältern Listen den Ort findet.* |
| 1733. | letzter, ☽ | eingegangen |
| 1768. 13 Sept. | 1 & 3 ♂ | |
| 1771. 28 Mart. | 1 & letzte ☿ | |
| 1756. | | *Militärische Loge; hat keinen festen Sitz* |
| 1732. 9 Nov. | 1 ♃ vor Vollmond | |
| 1758. 24 Mart. | | |

| No. | Ort | Land | Logenname | Sift. od. Gr. M. |
|---|---|---|---|---|
| 75 | Boston | New England | Royal Exchange | E. |
| 76 | — — | New England | 2de Lodge | E. |
| 77 | Botetourt | Virginia | | E. |
| 78 | Bourdeaux | | L'Amitié | Fr. |
| 79 | *~~Bordeaux~~* | | *~~Englische Lodge Charmante~~* | S.O |
| 80 | Bourg | Bresse. | Les Elus | Fr. |
| 81 | Braintree | Essex | | E. |
| 82 | Braunschweig | | gekrönte Säule | S. O. |
| 83 | — — | | grosse Loge | S. O. |
| 84 | — — | | Charle de la Concorde | E. |
| 85 | — — | | Jonathan | E. |
| 86 | Bremen | | silberner Schlüssel | S. O. |
| 87 | Breslau | | drei Todten-Gerippe | Z. |
| 88 | — — | | Säule | Z. |
| 89 | — — | | | S. O. |

| Stiftung | Logentag | Vermifchte Sachen |
|---|---|---|
| 1733. | 2 & 4 ♄ | |
| 1749. 15 Febr. | 3 ☿ | |
| 1773. 6 Nov. | | |
| | | |
| 1766. 8 Mart. | | fteht in der Englifchen Lifte |
| | | S. |
| 1736. 17 Mart. | 3 ♃ | eingegangen |
| | 1 ☿ | Schottifche Loge zu den 9 Sternen |
| 1775. | 6 Febr. 6 Aug. | Sitz der Regierung der S. O. |
| 1770. | | fteht in der Englifchen Lifte |
| | | |
| | | |
| 1771. | | |
| | | |
| | | Deputations-Loge |

| No. | Ort | Land | Logenname | Sift. od. Gr. M. |
|---|---|---|---|---|
| 90 | Breſslau | | | Z. |
| 91 | Breſt | | l'heureuſe rencontre | Fr. |
| 92 | Bridge-Town | Barbadoes | St. Johns Lodge | E. |
| 93 | Bridgewater | Sommerſetſhire | Swan Jnn | E. |
| 94 | — — | Sommerſetſhire | Lodge of Liberty & Sincerity | E. |
| 95 | Bridgenorth | | Hand and Bottle | E. |
| 96 | Briſtol | | Temple Lodge | E. |
| 97 | — — | | See Captains Lodge | E. |
| 98 | — — | | Old Crow | E. |
| 99 | — — | | Beaufort Lodge | E. |
| 100 | — — | | Union Lodge | E. |
| 101 | — — | | Lodge ot Jehoſchaphat | E. |
| 102 | — — | | Fountain | E. |
| 103 | —· — | | | E. |
| 104 | — — | | | E. |

| Stiftung | Logentag | Vermifchte Sachen |
|---|---|---|
| 1776. | | |
| | | |
| 1752. 23 Apr. | 4 ☽ | |
| 1764. 4 Dec. | 1. 3 ☽ | |
| 1774. 19 Febr. | 2. 4 ☽ | |
| 1771. 20 Apr. | 1. 3 ☿ | |
| 1776. 6 Febr. | | |
| 1753. 22 Aug. | 2 ⚭ 4 ♂ | |
| 1769. 12 Aug. | 2 ⚭ 4 ☽ | Jm Kalender fteht 2 ⚭ 4 ♃ |
| 1758. 8 Mart. | 2 ⚭ 4 ♀ | |
| 1767. 17 Febr. | | |
| 1773. 14 Aug. | | |
| 1740. 10 Jul. | | ward 1775. caffirt |
| 1735. 12 Nov. | | eingegangen |
| 1740. 10 Jul. | | eingegangen |

| No. | Ort | Land | Logenname | Sift. od. Gr. M. |
|---|---|---|---|---|
| 105 | *Burdwan* | Bengal | the 4th. Lodge | E. |
| 106 | *Burnley* | Lanca-shire | White Bull | E. |
| 107 | *Bury* | Lanca-shire | Lodge of Tem-perance | E. |
| 108 | — — | Lanca-shire | Old Hare and Hounds | E. |
| 109 | — — | St. Ed-munds | Royal Edmunds Lodge | E. |
| 110 | — — | St. Ed-munds | Seven Stars. | E. |
| | **C** | | | |
| 111 | *Caen* | | Les coeurs sans fard | Fr. |
| 112 | — — | | Themis | Fr. |
| 113 | — — | | L'union & Fra-ternité | Fr. |
| 114 | *Calcutta* | Bengal | the 1 Lodge | E. |
| 115 | — — | Bengal | the 2 Lodge | E. |
| 116 | — — | Bengal | the 6 Lodge | E. |
| 117 | — — | Bengal | the 11 Lodge | E. |
| 118 | *Cambridge* | | Rose Tavern | E. |

| Stiftung | Logentag | Vermifchte Sachen |
|---|---|---|
| 1768. *Jul.* | | |
| 1763. 9 Oct. | 1 ♄ nach *Vollmond* | |
| 1770. | | |
| 1733. 26 *Jul.* | ♃ nach *Vollmond* | |
| | 1 ☿ vor *Vollmond* | |
| 1732. 15 Dec. | 2 & 4 ♃ | *eingegangen* |
| | | |
| | | |
| | | |
| 1740. | | |
| 1761. 7 Febr. | 1 ♃ | |
| | | |
| | | |
| 1772. 6 Jul. | 1 & 3 ☽ | |

**B**

| No. | Ort | Land | Logenname | Sift. od. Gr. M. |
|---|---|---|---|---|
| 119 | Cambridge | | Black Bull Inn | E. |
| 120 | — — | | Sun | E. |
| 121 | — — | | Blacke Bear Inn | E. |
| 122 | Campen | | Le profond Silence | H. |
| 123 | Canton | China | Lodge of Amity | E. |
| 124 | Cap de bonne Esperance | | La bonne Esperance | H. |
| 125 | Canterbury | | Red Lion | E. |
| 126 | Carcaſſonne | | La parfaite Unité | Fr. |
| 127 | Carlisle | Cumberland | New Lodge | E. |
| 128 | — — | | Black Bull | E. |
| 129 | Carmarthen | South Wales | Temple Lodge | E. |
| 130 | — — | | | E. |
| 131 | Carolina | | Port Royal Lodge | E. |
| 132 | — — | | St Marks Lodge | E. |
| 133 | Caſſel | | gekroenter Loewe | S. O. |

| Stiftung | Logentag | Vermifchte Sachen |
|---|---|---|
| 1749. 31 Mart. | 2 ☽ | |
| 1763. 1 Mart. | 2 ♃ | *Univerfitaets Loge* |
| 1754. 29 Mart. | 4 ☽ | |
| 1770. | | |
| | | |
| 1773. | | |
| 1730. 3 Apr. | | *eingegangen* |
| | | |
| | | |
| 1766. 1 Aug. | 1 ☌ 3. ♀ | |
| 1753. 24 Oct. | 1 ☌ 3 ☽ | |
| 1724. | | *eingegangen* |
| 1756. 15 Sept. | *jede 2te* ☿ | |
| 1763. 8 Febr. | | |
| 1771. | | *Schottifche Loge* |

| No. | Ort | Land | Logenname | Stif. od. Gr. M. |
|---|---|---|---|---|
| 134 | Caffel | | Friedrich | E. |
| 135 | Caftres | | St Iean | Fr. |
| 136 | — — | | St Pierre | Fr. |
| 137 | C — nia | Italien | del Ardore | N. |
| 138 | Chaalons | fur Saone | L' Amitié | Fr. |
| 139 | — — | | L' union parfaite | Fr. |
| 140 | — — | | Les vrais Amis | Fr. |
| 141 | Chardenagore | Bengal | | E. |
| 142 | Charles - Town | South Carolina | Salomon's Lodge | E. |
| 143 | — — | | Union Lodge | E. |
| 144 | — — | | Mafters Lodge | E. |
| 145 | Charleville | | Les freres reunis | Fr. |
| 146 | — — | | Les freres difcrets | Fr. |
| 147 | Chatam | | Poft - Office | E. |
| 148 | Chatel Audrin | | La fincere union | Fr. |

| Stiftung | Logentag | Vermifchte Sachen |
|---|---|---|
| | | *fteht in den engl. Liften* |
| | | |
| | | |
| | | |
| | | |
| | | |
| | | |
| | | |
| 1735. | 1 & 3 ♃ | |
| 1755. 3 Mai. | 2 & 4 ♃ | |
| 1756. 22 Mart. | 2 & 4 ♃ | |
| | | |
| | | S. |
| 1723. 28 Mart. | 1 & 3 ☽ | |
| | | S. |

| No. | Ort | Land | Logenname | Sift.od. Gr. M. |
|---|---|---|---|---|
| 149 | Chelmsford | Essex | Saracen's Head | E. |
| 150 | Chelsea | | Queen's Head | E. |
| 151 | — — | | Duke's Head | E. |
| 152 | Chester | | Three Black Birds | E. |
| 153 | — — | | Coach and Horses | E. |
| 154 | — — | | The Star | E. |
| 155 | — — | | The Plume of Feathers | E. |
| 156 | — — | | Rising Sun | E. |
| 157 | Chichester | | White Horse | E. |
| 158 | Christ Churchs | | New Inn | E. |
| 159 | Christiania | Norwegen | St. Olaus | S. O. |
| 160 | Cleve | | Hoffnung | Z. |
| 161 | Cognac | | l' Anglaise Lodge | Fr. |
| 162 | Colchester | | Angel | E. |
| 163 | Colne | Lancashire | Hole in the Wall | E. |

colmar                    la concorde. S O

| Stiftung | Legentag | Vermischte Sachen |
|---|---|---|
| 1764. 18 Jan. | 2 & 4 D | |
| 1765. 29 Jun. | 1 D im Sommer 2 & 4 D im Winter. | heißt in der Liste Red Lion |
| 1765. 17 Jul. | 3 D | |
| 1755. 24 Jun. | Jeden 2ten D | |
| 1738. 1 Febr. | 2 ♂ | |
| 1766. 28 Nov. | 3 ♃ | |
| 1755. 2 Dec. | | |
| 1773. 21 Sept. | | |
| 1724. 17 Jul. | | eingegangen - |
| 1770. 23 Nov. | | |
| | | ( |
| | | heißt im englischen Kalender zur Eintracht. |
| | | S. |
| 1735. | 2 & 4 D | |
| 1762. 4 Febr. | 1 ♃ | |

| No. | Ort | Land | Logenname | Sift. od. Gr. M. |
|---|---|---|---|---|
| 164 | Colombo | Ceylon | La Fidelité | H. |
| 165 | Campiegne | | St. Germain | Fr. |
| 166 | Congleton | Chefhire | Red Lion | E. |
| 167 | Connecticut | New England | New Haven Lodge | E. |
| 168 | Cornwall | | Druids Lodge of Love | E. |
| 169 | Coventry | | Black Bull | E. |
| 170 | Crediton | Devonfhire | The Angel | E. |
| 171 | Curaçao | Jamaica | L' Amitié | H. |
| 172 | — — | | L' union | H. |
| 173 | — — | | Union Lodge | E. |
| | **D** | | | |
| 174 | Dacca | Bengalen | the 5th Lodge | E. |
| 175 | Danzig | | drei Aehren | S.O. |
| 176 | Darlington | Durham | Reftoration Lodge | E. |
| 177 | Dartford | Kent | True et Faithful Lodge | E. |

| Stiftung | Logentag | Vermifchte Sachen |
|---|---|---|
| 1770. | | |
| | | |
| 1724. | | *eingegangen* |
| 1750. Nov. | | |
| 1754. 14 Febr. | 1 & 3 ♃ | |
| 1765. 20 Jun. | 1 & 3 ☽ | |
| 1759. 21 Apr. | 1 ☽ | |
| 1770. | | |
| 1773. | | |
| 1776. | | *N. 11.* |
| | | |
| | | |
| 1776. | | *erneuert* |
| 1761. 19 Jun. | *letzte* ♄ | |
| 1775. 13 Jun. | 2 ♂ | |

| No. | Ort | Land | Logenname | St. od. Gr. M. |
|---|---|---|---|---|
| 178 | Dartmouth | Devon-shire | the Caſtle | E. |
| 179 | Deal | | Eaſt India Arms | E. |
| 180 | Demerary | | St. Jean de la Re-union | H. |
| 181 | Derby | | Royal Oak | E. |
| 182 | Detroit | Canada | | E. |
| 183 | Deventer | | De Brooderſchap | H. |
| 184 | Devizes | | True friendſchip | E. |
| 185 | Dyon | | La Concorde | Fr. |
| 186 | — — | | La parfaite Amitié | Fr. |
| 187 | Disſ | Norfolk | Royal Alfred Lodge | E. |
| 188 | Dolgelly | North-Wales | The Angel | E. |
| 189 | Dorcheſter | | King's Arms | E. |
| 190 | Doué | Anjou | St. Paul | Fr. |
| 191 | Dover | | King's Head | E. |
| 192 | Dresden | | drei Schwerdter | S. O. |

| Stiftung | Logentag | Vermifchte Sachen |
|---|---|---|
| 1767. 15 Sept. | 2 & 4 ☽ | |
| 1762. 8 Jun. | 1 ☽ | |
| 1771. | | |
| 1732. 14 Sept. | 1 & 3 ♂ | |
| 1773. | | |
| 1774. | | im Englifchen Kalender |
| 1770. 23 May | 1 & 3 ☽ | |
| | | |
| | | |
| 1770. 26 Jul. | ☽ nach Vollmond | |
| 1743. 17 Sept. | 1 ♂ | |
| 1775. 23 Jan. | | |
| | | |
| 1763. 2 Aug. | 1 & 3 ♃ | |
| | | Schott. Loge Carl zun drei Schwerdtern |

---

| No. | Ort | Land | Logenname | Stift. od. Gr. M. |
|---|---|---|---|---|
| 193 | Dresden | | Vrais Amis | S. O. |
| 194 | Dublin | | Grand Loge | E. |
| 195 | Durham | | Lodge of Harmony | E. |
| 196 | — — | | The Castle | E. |
| | **E** | | | |
| 197 | Edinburgh | Schottland | Mary's chapel | E. |
| 198 | — — | | Kilwinning | E. |
| 199 | — — | | Leith | E. |
| 200 | — — | | Canongate and Leith | E. |
| 201 | — — | | St. Giles's | E. |
| 202 | — — | | Journeymen | E. |
| 203 | — — | | St. David's | E. |
| 204 | — — | | St. Lucke | E. |
| 205 | — — | | St. Andrews | E. |
| 206 | — — | | Thistle | E. |

| Stiftung | Logentag | Vermifchte Sachen |
|---|---|---|
| | | *Franzöfifch* |
| | | *fteht nur in dem Kalender.* |
| *1774. 22 Nov.* | 1 ☿ 3 ☽ | |
| *1763. 8 Sept.* | ♃ ♂ | |
| | | |
| | 2 ♂ | *Alle diefe Edinburger Logen ftehn blos im Kalender, aber nicht in der Lifte.* |
| | 1 ♃ | |
| | 2 ☽ | |
| | 1 ♂ | |
| | *lezter* ♂ | |
| | *alle viertel Jahre* | |
| | 3 ♂ | |
| | 3 ♃ | |
| | 2 ♀ | |
| | 1 ☿ | |

| No. | Ort | Land | Logenname | Sift. od. Gr. M. |
|---|---|---|---|---|
| 207 | Edinburgh | | Royal Arch | E. |
| 208 | — — | | St. James's | E. |
| 209 | — — | | New Kilwin-ning | E. |
| 210 | Eisenach | | Caroline | S. O. |
| 211 | Elbing | | | S. O. |
| 212 | Embden. | | Pax et Concor-dia | |
| 213 | Epsom | | Fortitude and Perseverance | E. |
| 214 | Erlangen | | Libanon zu den drei Zedern. | S. O. |
| 215 | Erfurt | | La Paladienne | |
| 216 | Eutin | | goldner Apfel | Z. |
| 217 | Exeter | | St. George's Lodge | E. |
| 218 | — — | | St. Johns Lodge | E. |
| 219 | — — | | Union Lodge | E. |
| 220 | — — | | Ship Masters Lodge | E. |

| Stiftung | Logentag | Vermischte Sachen |
|---|---|---|
| | 3 D | |
| | 1 ♃ | |
| | 2 ♃ | |
| | | |
| | | *Deputations-Loge von Koenigsberg* |
| 1764. | | *steht in Engl. Kalender* |
| 1770. 28 Jul. | ♃ *nach Vollmond* | |
| 1774. | | |
| 1768. | | *steht in Engl. Kalender* |
| 1771. | | |
| 1762. 10 Jan. | 2 & 4♃ | |
| 1732. | 2. u. letzte ♀ | |
| 1766. 6 Aug. | | |
| 1766. 31 Oct. | | |

| | | | | |
|---|---|---|---|---|
| 228 | *Folkstone* | Kent | Hart | E. |
| 229 | *Frankfurt* | am Main | drei Disteln | S.O. |
| 230 | — — | | Eintracht | E. |
| 231 | — — | an der Oder | aufrichtig Herz | S.O. |
| | **G** | | | |
| 232 | *Gaillac* | | La parfaite Harmonie | Fr. |
| 233 | *Gates-Head* | Durham | | E. |

| | Stiftung | Logentag | Vermifchte Sachen |
|---|---|---|---|
| | | | |
| | | | |
| | 1751. 20 May | 2 & lezte ♃ | |
| | | | |
| | 1764. 28 Aug | 2 ☿ | |
| | 1769. 3 Febr. | | |
| | 1772. 10 Febr. | | |
| | | | |
| | 1767. 16 Mart. | 1 & 3 ♂ | |
| | | | Schottifche Loge Wilhelm zu den drei Rofen |
| | 1742. 17 Jun. | 2 & 4 ♃ | *Sitz des Grofsmeifterthums von Franken, Ober - und Nieder- Rhein.* |
| | 1776. 2 Mart. | | |
| | | | |
| | | | S. |
| | 1735. 8 Mart. | | *eingegangen* |

C

| No. | Ort | Land | Logenname | Sift. od. Gr. M. |
|---|---|---|---|---|
| 234 | *Gates - Head* | *Durham* | | E. |
| 235 | *George Town* | *South Carolina* | *Prince George Lodge* | E. |
| 236 | *Ghent* | *Flandern* | *La conftante union* | E. |
| 237 | *Gibraltar* | | | E. |
| 238 | — — | | *St. John* | E. |
| 239 | — — | | *Lodge of Inha- bitans* | E. |
| 240 | — — | | - | E. |
| 241 | *Glanfeuil* | *pres An- gers* | *Le tendre Ac- cueil* | Fr. |
| 242 | *Glatz* | | *drei Triangel* | S. O. |
| 243 | *Gloucefter* | | - | E. |
| 244 | *Goerlitz* | *Oberlau- fitz* | *gekroente Schlange* | S. O. |
| 245 | *Goettingen* | | *Augufta zu den drei Flammen* | S. O. |
| 246 | — — | | *goldner Zirkel* | Z. |
| 247 | *Gotha* | | *Rauten - Kranz* | E. |
| 248 | *Gravefend* | | *Kinge's - Head* | E. |

| Stiftung | Logentag | Vermifchte Sachen |
|---|---|---|
| *1773. 16 Oct.* | | |
| *1743.* | *Einmal des Monats* | |
| *1768. Jul.* | | *fteht in der Englifchen Lifte* |
| *1728. Nov.* | | *eingegangen* |
| *1729. 9 Mart.* | 1 ♂ | |
| *1762. 12 Jul.* | | |
| *1768. 11 Jun.* | | *Regiments Loge des 24 Regiments* |
| | | |
| | | |
| *1738. 28 Mart.* | | *eingegangen* |
| *1769.* | | *Schottifche Loge* |
| | | |
| | | |
| | | *gieng von Z ab* |
| *1751. 8 Jun.* | 1 ☿ 3 ♃ | |

| No. | Ort | Land | Logenname | Sift. od. Gr. M. |
|---|---|---|---|---|
| 249 | Green Island's | Jamaica | Green Islands Loge | E. |
| 250 | Greenwich | | Mitre | E. |
| 251 | — — | | Crown and Sceptre | E. |
| 252 | Granadoes | | La Sageſſe | E. |
| 253 | Grenada | Inſel | Vigilance | E. |
| 254 | — — | | Diſcretion | E. |
| 255 | Grenoble | | | E. |
| 256 | Groeningen | | L' union provinciale | H. |
| 257 | Groſs - Glogau | Schleſien | goldner Ring | Z. |
| 258 | Guadaloupe | Niederlande | St. Jean d' Ecoſſe | Fr. |
| 259 | Guben | Niederlauſitz | Drei Saeulen | S. O. |
| 260 | Guernſey | | Lilly Tavern | E. |
| 261 | — — | | Lodge of Harmony | E. |
| 262 | Guiſe | . | La Franchiſe | Fr. |

| Stiftung | Logentag | Vermifchte Sachen |
|---|---|---|
| *1775.* | ♃ vor *Voll-mond* | *N. 8.* |
| *1723.* *11 Sept.* | 2 & 4 ♂ | |
| *1766.* *26 Mai.* | | |
| *1764.* *1 Mai.* | | |
| *1772. 15 Febr.* | | |
| *1772.* *2 Mart.* | | |
| *1767.* *18 Mart.* | | |
| *1772.* | | |
| | | |
| | | |
| | | |
| *1753. 10 Mai.* | | |
| | | |
| | | |

| No. | Ort | Land | Logenname | Gift. od. Gr. M. |
|---|---|---|---|---|
| | **H** | | | |
| 263 | *Haag* | | *Le veritable Zele* | *H.* |
| 264 | — — | | *Les coeurs unies* | *H.* |
| 265 | — — | | *L' union royale* | *H.* |
| 266 | — — | | *L' indiſſoluble* | *H.* |
| 267 | — — | | | *E.* |
| 268 | — — | | *L' Eſperance* | *H.* |
| 269 | — — | | *La Loge Uſin-ge* | *H.* |
| 270 | — — | | *Legalité des Freres* | *H.* |
| 271 | — — | | *La Reſolution* | *H.* |
| 272 | *Haarburg* | | *Krokodill* | *Z.* |
| 273 | *Halifax* | **Neuſchott-land** | *No. 1.* | *E.* |
| 274 | — — | North-Carolina | *Royal white Heart* | *E.* |
| 275 | — — | Tork-ſhire | *Bacchus* | *E.* |
| 276 | — — | | *Old Cock* | *E.* |

| Stiftung | Logentag | Vermifchte Sachen |
|---|---|---|
| | | |
| | | |
| | | |
| | | |
| | • | |
| 1735. | | eingegangen |
| 1757. | | |
| 1773. | | Militaerifche Loge |
| 1761. | | |
| 1757. | | Diefe 4 ftehn blos im Engl. Kalender |
| | | |
| 1749. | | |
| 1767. 21 Aug. | | |
| 1769. 18 Aug. | 1 & 3 ☽ | |
| 1738. 12 Jul. | 2 & 4 ☿ | |

| No. | Ort | Land | Logenname | Sift. od. Gr. M. |
|---|---|---|---|---|
| 277 | Halle | Magde-burg | drei Degen | 'S. O. |
| 278 | — — | | Philadelphe | |
| 279 | — — | | Freundschafft | |
| 280 | Hamburg | | | E. |
| 281 | — — | | drei Rosen | Z. |
| 282 | — — | | goldne Kugel | Z. |
| 283 | — — | | rother Adler | Z. |
| 284 | — — | | Absalon zu den drei Nesseln | S. O. |
| 285 | — — | | St. George zur grünend. Fichte | S. O. |
| 286 | — — | | Emanuel zur Maien Blume | S. O. |
| 287 | — — | | Ferdinandina Carolina zu den drei Sternen | S. O. |
| 288 | Hammersmith | | Bell and Anchor | E. |
| 289 | Hampstead | | King's Head | E. |
| 290 | Hannover | | schwarzer Baer | Z. |
| 291 | — — | | weisses Pferd | S. O. |

| Stiftung | Logentag | Vermifchte Sachen |
|---|---|---|
| | | |
| 1762. | | hat fich durch verfchied-ne Schrifften bekannt gemacht. |
| 1769. | | beide ftehn im Engl. Kalender |
| 1733. | | eingegangen |
| 1770. | | |
| 1770. | | |
| | | |
| 1748. | | Schott. Loge Gottfr. zu den drei Sternen |
| 1757. | | |
| 1774. am Joh. Tage | | |
| 1776. am Joh. Tage | Diefe 4 zur S. O. gehörigen Logen halten, eine auf die andre aller 14 Tage Verfammlung im Winter ♄ im Sommer ♃ | Franzoefifch |
| 1768. 1 Mai. | 1 ♂ | |
| 1767. 5 Aug. | 1 ♃ | |
| | | |
| | 1 ♄. | Schott. Loge Karl zum Purpurmantel |

| No. | Ort | Land | Logenname | Stift. od. Gr. M. |
|---|---|---|---|---|
| 292 | Hannover | | Große Loge Friedrich | E. |
| 293 | Harlem | | Les Amis de la Justice | H. |
| 294 | — — | | De Börger Loge | H. |
| 295 | Harwich | | The Globe | E. |
| 296 | Hasenpoth | Kurland | Friedrich zur grünen Flagge | S.O. |
| 297 | Haverford | South Wales | | E. |
| 298 | Havre de Grace | Norman-die | La Fidélité | Fr. |
| 299 | — — | | La Sagesse | E. |
| 300 | Hereford | | Swan et Falcon | E. |
| 301 | — — | | | E. |
| 302 | Herzogenbusch | | La bonne Foi | H. |
| 303 | — — | | La Perseve-rance | H. |
| 304 | Hesdin | | La Fidélité | Fr. |
| 305 | Hexham | Northum-berland | Black Bull | E. |
| 306 | Hildburgshau-sen | | Erneste | E. |

| Stiftung | Logentag | Vermifchte Sachen |
|---|---|---|
| 1755.<br>25 Nov. | | *ſteht in der engl.*<br>*Liſte* |
| 1768. | ʳ | |
| 1774. | | *beide ſtehn blos im Eng-*<br>*liſchen Kalender* |
| 1764.<br>9 Aug. | 2 ☿ 4 ♂ | |
| 1741.<br>14 Apr. | ˋ | *wurde 1774. kaſſirt* |
| | | *S.* |
| 1766.<br>8 Oct. | | *ſteht in der Engliſchen*<br>*Liſte* |
| 1762.<br>12 Oct. | 1 ♂ | |
| 1737.<br>16 Jan. | | *eingegangen* |
| 1773. | | *Militäriſche Loge* |
| 1762. | | *beide nur im Engl. Ka-*<br>*lender* |
| 1763.<br>8 Mart. | 1 ☿ 3 ☿ | |
| 1745. | | *im Engl. Kalender* |

| No. | Ort | Land | Logenname | Stift. od. Gr. M. |
|---|---|---|---|---|
| 307 | Hildesheim | | Ferdinand zur ge-kroenten Sceule. | S. O. |
| 308 | — — | | Friedrich zum Tempel | Z. |
| 309 | — — | | Thuere zur Tu-gend | E. |
| 310 | Holyhead | North-Wales | Eagle and Child. | E. |
| 311 | Holy Well | | St. David's Lodge | E. |
| 312 | Honduras | | Amity | E. |
| 313 | Hougly | Bengalen | La Conftance | H. |
| 314 | Husum | Daenne-mark | Karl zur guten Hofnung | S. O. |
| | I | | | |
| 315 | Iena | | drei Rofen | |
| 316 | Ipfwich | Suffolk | Green Man | E. |
| 317 | — — | | White Horfe | E. |
| 318 | Isle of Ely | Cambri-gefaire | Philarmonic Lodge | E. |
| | K | | | |
| 319 | Kendal | Weft-morland | Rofe and Crown | E. |

| Stiftung | Logentag | Vermifchte Sachen |
|---|---|---|
| | | |
| 1775. 24 Jan. | | |
| 1762. 27 Dec. | · | *fteht in der Englifchen Lifi* |
| 1768. 25 Jan. | 3 ♀ | |
| 1761. 13 Jan. | 2 & 4 ☿ | |
| 1763. 21 Sept. | 1 & 3 ♂ | |
| 1773. | | |
| 1775. | | |
| | / | |
| 1762. 21 Jan. | | |
| 1732. | | *eingegangen* |
| 1764. 23 Oct. | 1 ☿ | |
| | | |
| 1764. 31 Jul. | 1 ☿ | |

| No. | Ort | Land | Logenname | Sifi. od. Gr. M. |
|---|---|---|---|---|
| 320 | *Kiel* | | *Louiſe zur gekröntn Freundſchafft* | *S.O.* |
| 321 | *Kingſton* | *upon Tnames* | *Caſtle* | *E.* |
| 322 | — — | *Jamaica* | *Nother Lodge* | *E.* |
| 323 | — — | | *Junior Lodge* | *E.* |
| 324 | — — | | *Harmony Lodge* | *E.* |
| 325 | — — | | *Union Lodge* | *E.* |
| 326 | — — | | *Beaufort Lodge* | *E.* |
| 327 | *Klattau* | *Boehmen* | *Sincerité* | *S.O.* |
| 328 | *Koenigsberg* | *Preußen* | *Todten - Kopf* | *Z.* |
| 329 | — — | | *Drei Kronen* | *S.O.* |
| 330 | — — | | *Beſtaendigkeit* | *Z.* |
| 331 | *Koppenhagen* | *Daennemark* | *Zorobabel zum Nordſtern* | *S.O.* |
| | **L** | | | |
| 332 | *La Brille* | | *L' Aurore* | *H.* |
| 333 | *La Rochelle* | | *L' union parfaite* | *Fr.* |

| Stiftung | Logentag | Vermischte Sachen |
|---|---|---|
| 1776. 3 Jul. | | |
| 1768. 24 Mart. | | kaffirt 1775. |
| 1739. 14 Apr. | 1 & 3 ♄ | N. 1. |
| 1771. | | N. 2. |
| 1771. | | N. 3. |
| 1773. 23 Apr. | | N. 6. |
| 1773. | | N. 7. |
| | | |
| | | |
| 1769. 13 Jan. | | Schottifche Loge Friedrich zum goldnen Zepter |
| | | |
| | | Schottifche Loge |
| | | |
| | | |
| 1761. | | |

| No. | Ort | Land | Logenname | Stft. od. Gr. M. |
|---|---|---|---|---|
| 334 | La Rochelle | | La Concorde | Fr. |
| 335 | La Voulte | Vivarès | La Perseverance | Fr. |
| 336 | Laon | | La parfaite union | Fr. |
| 337 | Launceston | Cornwall | Cornubian Lodge | E. |
| 338 | Lausanne | | | E. |
| 339 | Leeds | | Parrot | E. |
| 340 | — — | York-shire | Golden Lion | E. |
| 341 | Leghorn | | Perfect Union | E. |
| 342 | — — | | Sincere Brotherly Love | E. |
| 343 | Leicester | | | E. |
| 344 | Leiden | | La Vertu | H. |
| 345 | — — | | La Concorde | H. |
| 346 | — — | | de Standvastighet | H. |
| 347 | Leigh | Lanca-shire | Punch Bowl | E. |
| 348 | — — | | King's Arms | E. |

| Stiftung | Logentag | Vermifchte Sachen |
|---|---|---|
| | | |
| | | |
| | | |
| 1767. 15 Dec. | | |
| 1739. 2 Febr. | | eingegangen |
| 1754. 28 Mart. | | |
| 1761. 8 Jan. | 2 & 4 ☿ | Meifter Loge |
| 1771. 20 Mart. | | |
| 1771. 10 Apr. | | |
| 1739. 7 Dec. | | eingegangen |
| .. 1757. | | |
| 1770. | | Univerfitaets Loge |
| 1774. | | beide ftehn blos im englifchen Kalender |
| 1774. 24 Febr. | | |
| 1731. 22 Febr. | | eingegangen |

D

| No. | Ort | Land | Logenname | St. od. Gr. M. |
|---|---|---|---|---|
| 349 | *Leipzig* | | *Apollo* | E. |
| 35c | — — | | *Minerva zu den drei Palmen* | S. O. |
| 351 | — — | | *Baldun* | E. |
| 352 | *Lemberg* | *Pohlen* | *drei Standarten* | S. O. |
| 353 | — — | | *drei weiße Adler* | S. O. |
| 354 | *Lewes* | *Suffex* | *White Hart* | E. |
| 355 | *Liverpool* | | *St. George* | E. |
| 356 | — — | | *Georges Coffe Houfe* | E. |
| 357 | — — | | *Africam Coffee Houfe* | E. |
| 358 | *Lille* | *Flandern* | *L'union indiſſoluble* | Fr. |
| 359 | — — | | *Loge ancienne de St. Jean* | Fr. |
| 36c | — — | | *La Vertu triomphante* | Fr. |
| 361 | *Lillo und Hulſt* | | *L'Harmonie* | H. |
| 362 | *Limoux* | | *Les enfans de la gloire* | Fr. |
| 363 | *Lincoln* | | *Turks Head* | E. |

| Stiftung | Logentag | Vermifchte Sachen |
|---|---|---|
| 1741. | | *mufte der folgenden Loge Platz machen* |
| 1766. | 1 ☿ | *Schottifche Loge Karl zu den drei Palmen.* |
| 1776. 30 Apr. | | *Streitigkeiten mit der S. O. Loge gaben Gelegenheit zu ihrer Errich tung.* |
| | | |
| | | |
| 1766. 29 Mai. | | *kaffirt 1775.* |
| 1736. 25 Jun. | | *eingegangen* |
| 1755. 15 Apr. | | |
| 1736. 25 Jan. | | *kaffirt 1775.* |
| | | |
| | | |
| | | |
| 1764. | | |
| | | |
| 1730. 7 Sept. | | *eingegangen* |

| No. | Ort | Land | Logenname | Sift. od. Gr. M. |
|---|---|---|---|---|
| 364 | Lincoln | Abovehill | Angel | E. |
| 365 | Lifieux | | St. Philipp de la Concorde | Fr. |
| 366 | Liſſabon | | | E. |
| 367 | London | Aldersgate ſtreet | Caſtle and Falcon | E. |
| 368 | — — | Arlington ſtreet | Blue Poſts | E. |
| 369 | — — | Artichoke lane | Gulden Anchor | E. |
| 370 | — — | Barbican | Red Croſs | E. |
| 371 | — — | Bennet ſtreet | Duke of York | E. |
| 372 | — — | Billingsgate | Gaut | E. |
| 373 | — — | Bishopſgate ſtreet | Old Magpie | E. |
| 374 | — — | | London Tavern | E. |
| 375 | — — | Bloomsbury | Buffalo | E. |
| 376 | — — | | three Kings | E. |
| 377 | — — | Bond ſtreet | Star and Garter | E. |
| 378 | — — | | Arran Arms | E. |

| Stiftung | Logentag | Vermischte Sachen |
|---|---|---|
| 1737. 23 Sept. | | *eingegangen* |
| . | | |
| 1735. | | *steht nicht mehr in der Liste* |
| 1768. 1 Nov. | 2 & lezte ☿ | |
| 1757. 4 Mai. | 4 ♂ | *Piccadilly* |
| 1768. 23 Apr. | 1 & 3 ☿ | *Wapping* |
| 1730. 22 Mai. | | *kaffirt 1775.* |
| 1754. 14 Dec. | 2 ☽ | |
| 1766. 19 Dec. | | *kaffirt 1776.* |
| 1730. | 2 ☽ | |
| 1767. 11 Apr. | 1 & 3 ☿ | |
| 1753. 23 Oct. | 2 & 4 ♂ im Winter, 4 ♃ im Sommer. | |
| 1732. 25 Mai. | 2 & 4 ☿ | *kaffirt 1776,* |
| 1721. 17 Jan. | 2 & 4 ♀ | |
| 1730. 25 Mart. | 2 & 4 ♂ | |

| No. | Ort | Straße | Logenname | Sift. od. Gr. M. |
|---|---|---|---|---|
| 379 | London | Bond ſtreet | Braunds Head | E. |
| 80 | — — — | Borough | King's Head | E. |
| 381 | — — — | Bowſtreet | Mereſield's Wine Vaults | E. |
| 382 | — — — | | Britiſh Society Lodge | E. |
| 383 | — — — | Broad Wall | Mitre | E. |
| 384 | — — — | Bunhill Row | White Swan | E. |
| 385 | — — — | Burlington-ſtreet | White Horſe | E. |
| 386 | — — | Cannonſtreet | Operative Maſons | E. |
| 387 | — — — | Caſtleſtreet | Pons Coffee houſe | E. |
| 388 | — — | Cateatonſtreet | Pauls Head | E. |
| 389 | — — — | | | E. |
| 390 | — — — | Chancery Lane | Crown and Rolls | E. |
| 391 | — — — | | | E. |
| 392 | — — | Charing Croſs | Two Chairmen | E. |
| 393 | — — | | Chequers | E. |

| Stiftung | Logentag | Vermiſchte Sachen |
|---|---|---|
| 1737. 24 Aug. | 1 ☌ · 3 ♂ | |
| 1731. 2 Febr. | 3 ☽ | High ſtreet |
| 1772. 21 Nov. | | kaſſirt 1776. |
| 1767. | | |
| 1767. 9 Febr. | 2 ☌ 4 ♂ | Southwark |
| 1723. 20 Oct. | | kaſſirt 1775. |
| 1756. 2 Dec. | 1 ☌ 3 ♃ | |
| 1766. 17 Mai. | 1 ☿ | |
| 1725. 25 Mai. | 1 ☌ 3 ♂ | Leiceſterfields |
| 1723. | 2 ☌ 4 ☽ | |
| 1775. 23 Jan. | | |
| 1723. 1 Aug. | 2. u. letzte ♃ | |
| 1723. 11 Sept. | 2 ☌ 4 ♂ | |
| 1742. 13 Apr. | 2 ☌ 4 ♃ im Winter, 2 ♃ im Sommer. | |
| 1733. 27 Dec. | | |

| No. | Ort | Straße | Logenname | Sit. od. Gr. M. |
|---|---|---|---|---|
| 394 | London | Cheapside | Half Moon | E. |
| 395 | — — | Chelsea | Dukes Head | E. |
| 396 | — — | | White Swan | E. |
| 397 | — — | Chiswelstreet | Yak of Newbury | E. |
| 398 | — — | Christophers Alley | Crown | E. |
| 399 | — — | Church street | Golden Lion | E. |
| 400 | — — | Colemanstreet | Star | E. |
| 401 | — — | Cornhill | Cock and Lion | E. |
| 402 | — — | Covent Garden | Shakespeare | E. |
| 403 | — — | Cranbourn Alley | Crown | E. |
| 405 | — — | Cranbourn Riders Court | Swan | E. |
| 406 | — — | Crownstreet | Rose and Crown | E. |
| 407 | — — | Davidsstreet | Running Horse | E. |
| 408 | — — | Doctor's Commons | Horn | E. |
| 409 | — — | | | E. |

| Stiftung | Logentag | Vermifchte Sachen |
|---|---|---|
| 1764. 15 Nov. | 1 ☽ | |
| 1765. 17 Jul. | 3 ☽ | Robinfonslane |
| 1732. 3 Mart. | | kaſſirt 1774. |
| 1755. 5 Apr. | | kaſſirt 1776. |
| 1754. 13 Apr. | | |
| 1758. 6 Aug. | 3 ☿ | Soho |
| 1736. 21 Dec. | 1 & 3 ☽ | kaſſirt 1776. |
| 1732. 8 Sept. | | kaſſirt 1776. |
| 1757. 14 Febr. | 2 & 4 ☿ | |
| 1728. | 1 & 3 ♃ | |
| 1756. 20 Jan. | 1 & 3 ☽ | |
| 1754. 21 Mart. | 2 ♂ | Weftminfter |
| 1722. | 3 ♂ | Grov Square |
| 1724. 22 Jan. | 3 & 4 ☽ | |
| 1765. 29 Jan. | | kaſſirt 1776. |

| No | Ort | Straße | Logenname | Stift. od. Gr. M. |
|----|-----|--------|-----------|------------|
| 410 | London | Doctor's Commons | Lodge of Harmony | E. |
| 411 | — — | Drury Lane | Shakespeare | E. |
| 412 | | East Smithfield | three Crowns | E. |
| 413 | — — | | Ship | E. |
| 414 | — — | | Strong Man | E. |
| 415 | — — | Great Earl-street | Royal Oak | E. |
| 416 | — | Edmond's Court | Swan | E. |
| 417 | — — | Essex street | Crown | E. |
| 418 | — — | Fleet street | Mitre | E. |
| 419 | — — | | | E. |
| 420 | — — | | Globe | E. |
| 421 | — — | Fleet Market | White Horse | E. |
| 422 | — — | George's Field | Magdalene Coffe House | E. |
| 423 | — — | George's street | Anchor | E. |
| 424 | — — | | | E. |

| Stiftung | Logentag | Vermischte Sachen |
|---|---|---|
| 1769. 27 Oct. | 1 ☍ 3 ♂ | |
| 1737. 2 Sept. | 1 ♂ | |
| 1723. 1 Apr. | | kaſſirt 1776. |
| 1730. | 2 ☿ | |
| 1734. 17 Febr. | 1 ☍ 3 ♃ | |
| 1755. 17 Jun. | 1 ☍ 3 ☽ | |
| 1755. 2 Mart. | 1 ☍ 3 ♂ | Soho |
| 1768. 30 Oct. | | |
| | 1 ☍ 3 ☿ | Vor undenklichen Zeiten geſtiftet |
| 1733. 23 Mai. | 1 ☍ 3 ☽ | |
| 1725. Apr. | 1 ☍ 3 ☽ | |
| 1767. 18 Oct. | 2 ☿ | |
| 1767. 16 Feb. | | kaſſirt 1776. |
| 1731. 11 Jan. | 1 ☍ 3 ☽ | Foſter Lane |
| 1737. 8 Dec. | 1 ☍ 3 ☿ | |

| No. | Ort | Straße | Logenname | Sift. od. Gr. M. |
|---|---|---|---|---|
| 425 | London | Gerardstreet | Mill's Coffee House | E. |
| 426 | — | | Kings Head | E. |
| 427 | — | | Turk's Head | E. |
| 428 | — | Golden Lane | Angel and Porter | E. |
| 429 | — | Goodman's Field | Bear | E. |
| 430 | — | Old Gravel Lane | White Swan | E. |
| 431 | — | Grosvenor street | Lion and Goat | E. |
| 432 | — | Halfmoonstreet | Griffin | E. |
| 433 | — | Hampstead | King's Head | E. |
| 434 | — | Halton Garden | United Traders | E. |
| 435 | — | Hermitage | St. Andrew | E. |
| 436 | — | Holborn | Coach and Horses | E. |
| 437 | — | | | E. |
| 438 | — | | Queen's Head | E. |
| 439 | — | | White Hart | E. |

| Stiftung | Logentag | Vermifchte Sachen |
|---|---|---|
| 1721. 17 Jan. | 2 & 4 ☿ | |
| 1765. | | — |
| 1774. 24 Nov. | | |
| 1754. 5 Apr. | 1 D | |
| 1764. 11 Dec. | | kaffirt 1774. |
| 1769. 4 Apr. | | kaffirt 1776. |
| 1753. 24 Febr. | 2 & 4 D | |
| 1740. 26 Jun. | 4 ♂ | Piccadilly |
| 1767. 5 Aug. | 1 ♃ | |
| 1723. 24 Dec. | 2 & 4 ♃ | |
| 1760. | 1 & 3 ♀ | |
| 1735. 11 Jun. | 1 ☿ | |
| 1738. 27 Jan. | 2 & 4 D | |
| 1739. 7 Dec. | 3 D | |
| 1760. 27 Nov. | 4 ♀ | |

| No. | Ort | Straße | Logenname | Slft. od. Gr. M. |
|---|---|---|---|---|
| 440 | London | Holborn | Blue Boar | E. |
| 441 | — — | | King's Arms | E. |
| 442 | — — | Horsleydown Lane | Red Lion | E. |
| 443 | — — | Hyde Bark Cornes | | E. |
| 444 | — — | St. James street | Thatch'd House | E. |
| 445 | — — | | Britanic Lodge | E. |
| 446 | — — | | Royal Lodge | E. |
| 447 | — — | Jermyn street | Horshoe | E. |
| 448 | — —! | Kew | King's Arms | E. |
| 449 | — | King's street | Bunch of Grapes | E. |
| 450 | — — | Leaden Hill-street | Ship | E. |
| 451 | — — | | Nay's Head | E. |
| 452 | — — | Leathes Lane | Windmill | E. |
| 453 | — — | Limehouse bridge | River Lee Tavern | E. |
| 454 | — — | Limehouse Church Row | Lord Camden | E. |

| Stiftung | Logentag | Vermifchte Sachen |
|---|---|---|
| 1766. 16 Sept. | 4 ☿ | |
| 1768. 12 Mai. | 4 ☿ | |
| 1739. 8 Oct. | 1 ☌ 3 ☿ | |
| 1763. 28 Nov. | 1 ♂ | |
| 1727. 31 Jan. | 1 ☽ | |
| 1730. 17 Jul. | | |
| 1764. 3 Mai. | | |
| 1766. 10 Sept. | | kaſſirt 1774. |
| 1755. 5 Mai. | 1 ☌ 3 ♃ | |
| 1770. 20 Sept. | | kaſſirt 1775. |
| 1767. 27 Nov. | | kaſſirt 1776. |
| 1751. 29 Aug. | 1 ☌ 3 ♂ | |
| 1770. 24 Mai. | 4 ☽ | |
| 1767. 15 Dec. | 2 ☌ 4 ☿ | |
| 1770. 22 Mai. | | |

| No. | Ort | Straſſe | Legenname | Sift. od. Gr. M. |
|---|---|---|---|---|
| 455 | London | Long Acre | Coachmakers Arms | E. |
| 456 | — — | Ludgate Hill | London Coffee Houſe | E. |
| 457 | — — | Margarete ſtreet | Cock | E. |
| 458 | — — | Maryboue | Queens Head | E. |
| 459 | — — | Mary le bone ſtreet | King's Arms | E. |
| 460 | — — |  | Coach and Horſes | E. |
| 461 | — — | Mercerſtreet | Mercers Arms | E. |
| 462 | — — | Minories | Sieve | E. |
| 463 | — — |  | Angel | E. |
| 464 | — — | Newſtreet | Swan | E. |
| 465 | — — | Newſtreet Hill | Crown Anchor | E. |
| 466 | — | Noble ſtreet | Coachmakers Arms | E. |
| 467 | — — | Oldſtreet Road | Sir John Falſtaff | E. |
| 468 | — — | Oxford ſtreet | Roebuk | E. |
| 469 | — — |  | Red Lion | E. |

| Stiftung | Logentag | Vermiſchte Sachen |
|---|---|---|
| 1757. 20 Dec. | 2 & 4 ♃ | |
| 1760. 16 Jan. | | |
| 1767. | 3 ♂ | |
| | | kaſſirt 1774. |
| 1732. 21 Jun. | 2 & 4 ♂ | Piccadilly |
| 1776. 28 Febr. | | Queen Anne ſtreet |
| 1767. 21 Mai. | 1 ☽ | Long Acre |
| 1763. 7 Nov. | 3 ♃ | |
| 1765. 8 Jan. | 1 & 3 ♂ | |
| 1768. | 2 & 4 ☽ | Covent Garden |
| 1768. 9 Apr. | 2 ☽ | Shoe Lane |
| 1767. 4 Jul | 1 ☽ | |
| 1732. 12 Jun. | 1 ♃ | |
| 1722. 27 Febr. | 1 & 3 ☿ | |
| 1765. 29 Jun. | 1 ☽ | |

E

| No. | Ort | Straffe | Logenname | Sift. od. Gr. M. |
|---|---|---|---|---|
| 470 | London | Oxford ftreet | Swan | E. |
| 471 | — | Paddington | Pontefract Caftle | E. |
| 472 | —— | Parkerftreet | Crown | E. |
| 473 | —— | Pauls Church-yard | Sun | E. |
| 474 | —— | Pearlftreet | Three Tongues | E. |
| 475 | —— | Piccadilly | George | E. |
| 476 | —— | | Union Coffehouf | E. |
| 477 | —— | | | E. |
| 478 | —— | Plaghoufeyard | Crown | E. |
| 479 | —— | Poultry | King's Head | E. |
| 480 | —— | Princesftreet | Crown | E. |
| 481 | —— | | King's Head | E. |
| 482 | —— | | Falcon | E. |
| 483 | —— | Anakerftreet | Caftle | E. |
| 484 | —— | Great Queen-ftreet | Free Mafons Tavern | E. |

| Stiftung | Logentag | Vermifchte Sachen |
|---|---|---|
| 1766. 23. Jun. | 3 ☿ | |
| 1753. | 1 & 3 ☾ | |
| 1767. 17 Jun. | 3 ♃ | Lincolns Inn Field |
| 1733. 27 Dec. | | kaffirt 1776. |
| 1764. 18 Apr. | | Spital-Fields |
| 1752. 21 Aug. | 3 ♂ | George court |
| 1759. 24 Aug. | 3 ♀ | |
| 1768. 5 Mart. | | kaffirt 1774. |
| 1739. 24 Aug. | 1 ♂ | |
| 1761. 9 Mart. | 2 & 4 ☿ | |
| 1738. 3 Mai. | 2 ♂ | Lothbury |
| 1753. 5 Nov. | 2 & 4 ☿ | Cavendifh Square |
| 1771. 12 Oct. | 1 ♃ | Soho |
| 1730. 26 Jan. | 1 ♀ | |
| 1722. 25 Nov. | 1 & 3 ♀ | |

| No. | Ort | Straſſe | Logenname | Stift. od. Gr. M. |
|---|---|---|---|---|
| 485 | London | Great Queen-ſtreet | Stewards Lodge | E. |
| 486 | — — | | Foundation Lodge | E. |
| 487 | — — | Ratcliff Croſſ | Ship | E. |
| 488 | — — | Red Lion ſquare | Blue Lion | E. |
| 489 | — — | Red Lion ſtreet | Dundee Arms | E. |
| 490 | — — | | Jeruſalems Ta-vern | E. |
| 491 | — — | Rotherhithe | Swan | E. |
| 492 | — — | Roſamond's Row | Jeruſalems Ta-vern | E. |
| 493 | — — | Shad Thames | Kings Arms | E. |
| 494 | — — | Shadwell | Sun | E. |
| 495 | — — | Shadwell market | White Lion | E. |
| 496 | — — | Shoe Lane | Ben Johnſon's Head | E. |
| 497 | — — | Shoreditch | Swan | E. |
| 498 | — — | | May Buſh | E. |
| 499 | — — | Shug lane | Black horſe | E. |

| Stiftung | Logentag | Vermifchte Sachen |
|---|---|---|
| 1735. | 3 ☿ im Mart. & Dec. | |
| 1753. 5 Mart. | 2 ☿ | |
| 1769. 11 Apr. | 2 & 4 ☽ | |
| 1765. 22 Jan. | 3 ♀ | |
| 1722. | 2 & 4 ♃ | |
| 1771. 2 Febr. | 1 & 3 ☿ | |
| 1728. | | kaffirt 1775. |
| 1731. 17 Dec. | 2 & 4 ☿ | |
| 1766. 22 Febr. | 1 ☽ | |
| 1757. 31 Oct. | 1 & 3 ☽ | |
| 1768. 8 Febr. | | |
| 1771. 19 Mart. | 2 ♃ | |
| 1736. 11 Jun. | 2 & 4 ☿ | |
| 1736. 2 Dec. | 2 & 4 ♀ | |
| 1765. 23 Mart. | 4 ☽ | |

| No. | Ort | Straße | Logenname | Stif. ad. Gr. M. |
|---|---|---|---|---|
| 500 | London | Silverstreet | three Compasses | E. |
| 501 | —— | Snow - Hill | Fountain | E. |
| 502 | —— | South Andley-street | Albemarle. Arms | E. |
| 503 | —— | Southwark | White Lion and Frying Pan | E. |
| 504 | —— | | Two Giants | E. |
| 505 | —— | | Rose and Granes | E. |
| 506 | —— | Spitalfields | Three Tons | E. |
| 507 | —— | Strand | Adelphi Tavern | E. |
| 508 | —— | | White Hart | E. |
| 509 | —— | | Crown and Anchor | E. |
| 510 | —— | | | E. |
| 511 | —— | Swallowstreet | Paviours Arms | E. |
| 512 | —— | Titchfelds-street | Globe | E. |
| 513 | —— | Tooleystreet | Black Raven | E. |
| 514 | —— | Tottenham Court Road | Talbot | E. |

| Stiftung | Logentag | Vermischte Sachen |
|---|---|---|
| 1754. 4 Jun. | 2 & 4 ♃ | |
| 1765. 29 Jan. | | kaffirt 1775. |
| 1739. 25 Oct. | 2 & 4 ☿ | |
| 1769. i Mart. | | |
| 1769. | 2 ☽ | Churchstreet |
| 1772. 10 Oct. | 3 ♄ | Snow'sfield |
| 1737. 18 Apr. | 2 & 4 ♃ | |
| | 2 & 4 ☽ | Vor undenklichen Zeiten ge-stiftet |
| 1765. 16 Apr. | 2 ☽ | |
| 1766. 16 Jun. | | kaffirt 1775. |
| 1751. 26 Febr. | | kaffirt 1774. |
| 1767. 26 Jun. | | |
| 1736. 16 Aug. | | |
| 1767. 18 Jan. | 2 ☿ | |
| 1724. 28 Jan. | 1 ♃ | |

| No. | Ort | Straſſe | Logenname | Siſt. od. Gr. M. |
|---|---|---|---|---|
| 515 | London | Tower Hill | Crown and Thiſtle | E. |
| 516 | — — | Turnagain Lane | Crown and Anchor | E. |
| 517 | — — | Vauxhall | King's Arms | E. |
| 518 | — — | Victualingoffice Square | Black Horſe | E. |
| 519 | — — | Wandſworth | King's Arms | E. |
| 520 | — — | Wardourſtreet | George | E. |
| 521 | — — | Warwick Lane | three Butchs | E. |
| 522 | — — | Water Lane | Ship | E. |
| 523 | — — | Well Court | Fleece | E. |
| 524 | — — | White Chapel | Crown and Magpye | E. |
| 525 | — — | Worceſter-ſtreet | Horſe Shoe and Magpye | E. |
| 526 | London Colney | | St. Amphibalus | E. |
| 527 | Lübeck | | Füllhorn | Z. |
| 528 | Lüneburg | | goldne Traube | Z. |
| 529 | Lucca | Jamaica | N. 9. | E. |

| Stiftung | Logentag | Vermischte Sachen |
|---|---|---|
| 1766. 4 Dec. | 2 & 4 ☽ | |
| 1767. 11 Sept. | 3 ♀ | |
| 1772. 5 Dec. | 1 ♃ | |
| 1771. 26 Jan. | 1 ♂ | |
| 1723. 30 Mart. | 1 ♂ | |
| 1765. 13 Mart. | 1 & 3 ♂ | Soho |
| 1765. 29 Jan. | 1 & 3 ♂ | Newgatestreet |
| 1769. 16 Dec. | | kaßirt. 1774. |
| 1766. 26 Jul. | 2 & lezte ♀ | Cheapside |
| 1739. 10 Jan. | 3 ☿ | |
| 1764. 23 Oct. | 2 ♂ | |
| 1767. 21 Dec. | | |
| 1760. | | |
| | | |
| 1776. | | bei Hannover |

| No. | Ort | Land | Logenname | Sib. od. Gr. M. |
|---|---|---|---|---|
| 530 | Lyme Regis | Dorset-fhire | Royal Edwin Lodge | E. |
| 531 | Lymington | Hamp-fhire | Nays Head | E. |
| 532 | Lynn Regis | Norfolk | White Lion | E. |
| 533 | — — | | Friendfhip | E. |
| 534 | — — | | Star | E. |
| 535 | Lyon | | Grand Loge Provinciale | Fr. |
| 536 | — — | | La parfaite Amitié | Fr. |
| 537 | — — | | La parfaite Reunion | Fr. |
| 538 | — — | | La Sageffe | Fr. |
| | **M** | | | |
| 539 | Madras | Oft-In-dien | | E. |
| 540 | — — | | Lodge N. 1. | E. |
| 541 | — — | | Lodge N. 2. | E. |
| 542 | — — | | Lodge N. 3. | E. |
| 543 | Madrid | | | E. |

| Stiftung | Logentag | Vermifchte Sachen |
|---|---|---|
| 1764. 6 Apr. | 1 & 3 ☽ | |
| 1764. 16 Aug. | 1 & 3 ♀ | |
| 1729. 1 Oſt. | 1 ♀ | |
| 1762. 9 Jun. | 3 ♀ | |
| 1757. 21 Febr. | 4 ☿ | |
| | | |
| | | |
| | | |
| | | |
| | | |
| 1752. | | |
| 1765. | | |
| 1765. | | |
| 1765. | | |
| 1727. | | ſteht nicht mehr in der Liſte |

| No. | Ort | Land | Logenname | Siß. od. Gr. M. |
|---|---|---|---|---|
| 544 | *Madrid* | | | *E.* |
| 545 | *Maeſtricht* | | *La Conſtauce* | *H.* |
| 546 | *Magdeburg* | | *drei Saeulen* | |
| 547 | *Ma* — | *Teutſch-land* | | *E.* |
| 548 | *Malden* | *Eſſex* | *Lodge of Free-dom* | *E.* |
| 549 | *Mancheſter* | | *Fox* | *E.* |
| 550 | — — | | *Cromptons* | *E.* |
| 551 | — — | | *Fletchers Ta-vern* | *E.* |
| 552 | — — | | *Sun in the Gold-houſe* | *E.* |
| 553 | *Mansfield* | | *white Lion* | *E.* |
| 554 | *Marburg* | *Heſſen* | *gekrönter Löwe* | *S. O.* |
| 555 | — — | | *Drei Loewen* | *E.* |
| 556 | — — | | *La parfaite Union* | |
| 557 | *Marienberg* | *Sachſen* | *Berg Loge* | *S. O.* |
| 558 | *Marienburg* | *Weſt-preußen* | *Drei Kronen* | *S. O.* |

| Stiftung | Logentag | Vermifchte Sachen |
|---|---|---|
| 1753. | | kaffirt 1773. |
| 1761. | | Grosf Meift. |
| 1765. 26 Dec. | | war Filial von Berlin |
| | | fteht unter Frankfurt am Main |
| 1772. 19 Jun. | | |
| 1738. | 1 & 3 D | |
| 1755. 4 Febr. | 1 & 3 δ | |
| 1767. | | |
| 1769. | lezter D | |
| 1768. 8 Jan. | | kaffirt 1775.. |
| | | |
| 1767. | | jteht in der Englifchen Lifte |
| 1769. | | jteht im Englifchen Kalender |
| | | |
| | | Deputations Loge |

| No. | Ort | Land | Logenname | Sift. od. Gr. M. |
|---|---|---|---|---|
| 559 | Marlborough | | Caftle | E. |
| 560 | Marfeille | | St. Jean | E. |
| 561 | Maryland | | | ◆ E. |
| 562 | Mafachutsbay | New England | Marble Head Lodge | E. |
| 563 | Meiningen | | Drei Nelken | S. O. |
| 564 | Memel | | Drei Kronen | S. O. |
| 565 | M — na | Italien | Intrapedenti | N. |
| 566 | M — na | | Coftanti | N. |
| 567 | Metz | | St. Jean | Fr. |
| 568 | Meziere | | St. Jean du Corps du Genie | Fr. |
| 569 | Middelburg | | La Philantrope | H. |
| 570 | — — | | La Compagnie durable | H. |
| 571 | Middleham | York-fhire | Benevolent Lodge | E. |
| 572 | Mietau | Kurland | drei gekrönte Schwerter | S. O. |
| 573 | Milksham | | King's Arms | E. |

| Stiftung | Logentag | Vermifchte Sachen |
|---|---|---|
| 1768. Jul. | 2 ♂ | |
| | | *fteht in keiner Lifte, ift aber in Pre-ſton's Erlaeuterung der Freimaeu-rerei befchrieben* |
| 1765. 8 Aug. | | zu Joppa |
| 1749. 31 Mart. | 2 ☽ | |
| | 1 ♄ | *Schottifche Loge Charlotte zu den drei Nelken* |
| | | *Deputations Loge* |
| | | |
| | | |
| | | |
| | | |
| 1758. | | |
| 1770. | | |
| 1774. 1 Nov. | | |
| 1774. | | *Schottifche Loge Ernft zum rothen Adler* |
| 1765. 5 Dec. | | *kaffirt 1775.* |

| No. | Ort | Land | Logenname | Sift. od. Gr. M. |
|---|---|---|---|---|
| 574 | Mitcham | Surry | Nag's Head | E. |
| 575 | Mons | Nieder-lande | Perfect Har-mony | E. |
| 576 | Montagobay | Jamaica | St. James Lodge | E. |
| 577 | Montauban | | La bien taisance | Fr. |
| 578 | — — | | La Constance | Fr. |
| 579 | — — | | La bonne foi | Fr. |
| 580 | Montonlieu | | La Victoire | Fr. |
| 581 | Montreal | | | E. |
| 582 | Moscau | Rusland | Muse Clio N.5. | E. |
| 583 | M — en | Teutschland | | E. |
| 584 | Musqueto Shore | | Lodge of Regu-larity | E. |
| 585 | Muxadavad | Bengal | the 10th Lodge | E. |
| 586 | Muyden | | L' Aurore | H. |
| | **N** | | | |
| 587 | Naarden | | La Constance | H. |

*nanci*      *l'auguste fidelité*   50

| Stiftung | Logentag | Vermiſchte Sachen |
|---|---|---|
| 1769. 28 Jun. | ☿ nach Voll-mond | |
| 1770. 20 Jan. | | |
| 1771. | 1 & 3 ☽ | N. 4. |
| | | |
| | | S. |
| | | |
| | | |
| 1762. | | ſteht in der Engliſchen Liſte |
| 1774. | | ſteht in der Engliſchen Liſte |
| | | |
| 1763. 8 Mart. | 1 & 3 ♂ | |
| 1773. | | |
| 1771. | | im Engliſchen Kalender |
| | | |
| 1761. | | im Engliſchen Kalender |

F

| No. | Ort | Land | Logenname | Sift. od. Gr. M. |
|---|---|---|---|---|
| 588 | *Nagapatnam* | Coro-mandel | *La defirée* | *H.* |
| 589 | *Nantes* | | *Les Coeurs unis* | *Fr.* |
| 590 | — — | | *La Parfaite* | *Fr.* |
| 591 | — — | . | *St. Germain* | *Fr.* |
| 592 | *Naumburg* | an der Saale | *drei Hammer* | *S. O.* |
| 593 | *Neapel* | Italien | *San Juan* | *N.* |
| 594 | — — | | *Perfect Union* | *E.* |
| 595 | — — | | *Well Chofen Lodge* | *E.* |
| 596 | *Neiſſe* | Schlefien | *Weiſſe Taube* | *Z.* |
| 597 | *Neu-Branden-burg* | | *goldne Greif* | *S. O.* |
| 598 | *Neu-Wied* | | *drei Pfauen* | |
| 599 | *New-Caſte* | under Line | *Crown* | *E.* |
| 600 | *New-Caſtle* | upon Tine | *St. John* | *E.* |
| 601 | — — | | *St. Nicholas* | *E.* |
| 602 | *New-Market* | | *St. John* | *E.* |

| Stiftung | Logentag | Vermischte Sachen |
|---|---|---|
| 1773. | | |
| | | |
| | | |
| | | |
| | | |
| | | *Diese Loge erfuhr 1776. ein betrübtes Schiksal. Desto erfreulicher aber war iedem Rechtschaffnen ihre gerechtfertigte Unschuld* |
| 1768. | | *Regiments Loge* |
| 1769. 26 Apr. | | *Diese beiden stehn in der Englischen Liste* |
| | | |
| | | |
| 1753. | | |
| 1767. 30 Jun. | | *kassirt 1775.* |
| 1757. ☾ Oct. | | |
| 1766. 29 Nov. | | |
| 1733. | | |

| No | Ort | Land | Logenname | Sift. od. Gr. M. |
|---|---|---|---|---|
| 603 | Newton | Cheshire | Golden Lion | E. |
| 604 | Newton Abbot | Devon-shire | Sun | E. |
| 605 | — — | | Royal George Lodge | E. |
| 606 | New-York | | St. John | E. |
| 607 | Nieder-Zauche | Schlesien | glänzendes Sie-bengestirn | S. O. |
| 608 | Nimwegen | | L' Amitié | H. |
| 609 | — — | | L' Harmonie | H. |
| 610 | — — | | La Candeur | H. |
| 611 | Niort | | L'intimité | Fr. |
| 612 | Norfolk | Virginia | Royal Exchan-ge | E. |
| 613 | Northampton | | George | E. |
| 614 | Nortschields | Northum-berland | Sion Lodge | E. |
| 615 | Norwich | | Thatcht Houf. | E. |
| 616 | — — | | King's Head | E. |
| 617 | — — | | Angel | E. |

| Stiftung | Logentag | Vermischte Sachen |
|---|---|---|
| 1769. | | |
| 1759. 17 Mart. | 1 ☽ | |
| 1769. 20 Apr. | | |
| 1757. 27 Dec. | 2 & 4 ☿ | N. 2. |
| | | |
| 1764. | | Militaerifche Loge |
| 1764. | | |
| 1765. | | Diefe drei Logen ftehn nur im Englifchen Kalender |
| | | |
| 1753. 22 Dec. | 1 ♃ | |
| 1730. 12 Jan. | | eingegangen |
| 1766. 29 Nov. | | |
| 1724. | 1 ♃ | |
| 1736. | letzter ♃ | |
| 1747. 9 Mai. | 2 & 4 ♂ | |

| No. | Ort | Land | Logenname | SIR. od. Gr. M. |
|---|---|---|---|---|
| 618 | *Norwich* | | *Maid's Head* | E. |
| 619 | — — | | *Bear and Ragged Staff* | E. |
| 620 | — — | | *Wax Candle* | E. |
| 621 | — — | | *Church Style* | E. |
| 622 | — — | | *Royal Oak* | E. |
| 623 | — — | ● | *Duke St. Augustines* | E. |
| 624 | — — | | *the Twins* | E. |
| 625 | — — | | *The Dove* | E. |
| 626 | — — | | *Three Tuns* | E. |
| 627 | — — | | *Blue Boar* | E. |
| 628 | *Nottingham* | | *The Feathers* | E. |
| 629 | *Noyon* | | *L'heureuse rencontre de l'union desirée* | Fr. |
| 630 | *Nürnberg* | | *l'Union* | S.O. |
| | **O** | | | |
| 631 | *Odensee* | *Fühnen* | *St. Knuth zum gold. Lindwurm* | S.O. |

| Stiftung | Logentag | Vermifchte Sachen |
|---|---|---|
| 1748. 5 Jan. | 3 ♂ | |
| 1749. 9 Jan. | 2 ☌ 4 ☿ | |
| 1751. 12 Febr. | 2 ☌ 4 ☿ | |
| 1753. 10 Nov. | 1 ☌ 3 ☿ | |
| 1754. 4 Mart. | 1 ☌ 3 ☽ | |
| 1755. 17 Jun. | 1 ☌ 3 ☽ | |
| 1755. 16 Sept. | 1 ☌ 3 ♀ | |
| 1757. 23 Mart. | 2 ☿ | |
| 1758. 18 Febr. | alle 14 Tage ♄ | In der Lifte fteht *Aylsham* anftatt *Norwich* |
| · 1765. | 2 ☌ 4 ☽ | heift in der Lifte *Three Tuns* |
| 1763. 31 Jan. | 3 ♂ | |
| | | S. |
| | | |
| | | |
| | | |

| No. | Ort | Land | Logenname | Sift. od. Gr. M. |
|---|---|---|---|---|
| 632 | Oldenburg | | goldner Hirfch | Z. |
| 633 | Oleron | Isle | Les vrais freres | Fr. |
| 634 | Orleans. | | Jeanne d' Arc | Fr. |
| 635 | Often | Schlefien | goldne Himmels Kugel | S. O. |
| 636 | Oxford | | Alfred | E. |
| 637 | — — | | Conftitution Lodge | E. |
| | **P** | | | |
| 638 | Paignton | | Torbay Lodge | E. |
| 639 | Parham | Antigua | Parham Lodge | E. |
| 640 | Paris | | | E. |
| 641 | — — | | Les Amis reunes | Fr. |
| 642 | — — | | Les Arts Ste. Margarite | Fr. |
| 643 | — — | | la boune Union | Fr. |
| 644 | — — | | Le bon Zéle | Fr. |
| 645 | — — | | David | Fr. |

| Stiftung | Logentag | Vermifchte Sachen |
|---|---|---|
|  |  |  |
|  |  |  |
|  |  |  |
|  | 27 Jan. 17, Aug. 1 Nov. |  |
| 1769. 2 Dec. |  | Uniuerfitaets Loge |
| 1770. 17 Mart. |  |  |
|  |  |  |
| 1772. 4 Apr. |  |  |
| 1737. 31 Jan. |  |  |
| 1732. 3 Apr. |  | fteht nicht mehr in der Lifte |
|  |  |  |
|  |  |  |
|  |  |  |
|  |  |  |
|  |  |  |

| No. | Ort | Land | Logenname | Stift. od. Gr. M. |
|---|---|---|---|---|
| 646 | Paris | | L'étoile Polaire | Fr. |
| 647 | — — | | Les freres zélés de la Martinique | Fr. |
| 648 | — — | | Henri Quatre | Fr. |
| 649 | — — | | St. Alexandre | Fr. |
| 650 | — — | | L'union defirée | Fr. |
| 651 | — — | | La noble et parfaite Unité | Fr. |
| 652 | — — | | St. Charles des amis reunis | Fr. |
| 653 | — — | | St. Jean des Chartres | Fr. |
| 654 | — — | | St. Jean d' Hiram | Fr. |
| 655 | — — | | St. Joseph | Fr. |
| 656 | — — | | St. Julien de la Tranquillité | Fr. |
| 657 | — — | | St. Lazare | Fr. |
| 658 | — — | | St. Louis | Fr. |
| 659 | — — | | St. Louis des Freres reunis de la Martinique | Fr. |
| 660 | — — | | St. Pierre des vrais Freres | Fr. |

| Stiftung | Logentag | Vermifchte Sachen |
|---|---|---|
|  |  |  |
|  |  |  |
|  |  |  |
|  |  | gehoert den koenigl. Muske-tären der erften Compagnie |
|  |  | gehört den königl. Musketä-ren der zwoten Compagnie |
|  |  |  |
|  |  |  |
|  | — | gehört dem S. E. Grosf-meifter |
|  |  |  |
|  |  |  |
|  |  |  |
|  |  |  |
|  |  |  |
|  |  |  |
|  |  |  |

| No. | Ort | Land | Logenname | Sift. od. Gr. M. |
|---|---|---|---|---|
| 661 | Paris | | La triple Harmony | Fr. |
| 662 | — — | | La Victoire | Fr. |
| 663 | — — | | La vraie Lumiere | Fr. |
| 664 | — — | | La parfaite Egalité | Fr. |
| 665 | — — | | Les vrais amis | Fr. |
| 666 | — — | | Les vrais amis de la vertu | Fr. |
| 667 | — — | | St. François des Amis reunis | Fr. |
| 668 | — — | | Ste. Sophie | Fr. |
| 669 | Patna | Bengal | the 3 Lodge | E. |
| 670 | Penzance | Cornwall | St. John the Baptist | E. |
| 671 | Perigueux | | Loge Anglaise de l'Amitié | Fr. |
| 672 | Petersburg | | Phoenix | S. O. |
| 673 | — — | | Perfect Union | E. |
| 674 | — — | | the nine Mufes | E. |
| 675 | — — | | the Mufe Urania | E. |

| Stiftung | Logentag | Vermifchte Sachen |
|---|---|---|
|  |  |  |
|  |  |  |
|  |  |  |
|  |  | *gehört dem S. E. Grosf Confervator* |
|  |  | *S.* |
|  |  | *S.* |
|  |  | *S.* |
|  |  | *S.* |
| *1768.* *11 Mart.* |  |  |
| *1755. 14 Jun.* | 2 ♂ 4 ☿ |  |
|  |  | *S.* |
|  |  |  |
| *1771.* *1 Jun.* |  |  |
| *1774.* |  | *N. 1.* |
| *1774.* |  | *N. 2.* |

| No. | Ort | Land | Logenname | Sift. öd. Gr. M. |
|---|---|---|---|---|
| 676 | *Petersburg* | | *Bellona* | E. |
| 677 | *Plymouth* | | *Prince George* | E. |
| 678 | — — | | *Pope's Head* | E. |
| 679 | — — | | *Sincerity* | E. |
| 680 | *Plymouth Dock* | | *Friendfhip* | E. |
| 681 | — — | | *Marine Lodge* | E. |
| 682 | — — | | *Oxford Inn* | E. |
| 683 | *Poiters* | | *La vraie Lumiere* | Fr. |
| 684 | *Pool* | *Dorfetfhire* | *Old Andelope Inn* | E. |
| 685 | *Portsmouth* | | *Three Tuns* | E. |
| 686 | — — | | *King William* | E. |
| 687 | *Potsdam* | | *Minerva* | Z. |
| 688 | — — | | *drei Rofen* | |
| 689 | — — | | | |
| 690 | *Prag* | | *drei gekrönte Sterne* | S. O. |

| Stiftung | Logentag | Vermischte Sachen |
|---|---|---|
| 1774. | | N. 3. |
| 1748. 1 Mai. | 1 & 3 ☽ | |
| 1758. 1 Mart. | 2 & 4 ☽ | 1 ♂ Meiſter Loge |
| 1769. 25 Nov. | | |
| 1771. 21 Sept. | 1 & 3 ☿ | letzten ♀ Meiſter Loge |
| 1759. 2 Jan. | 1 & 3 ♂ | |
| 1734. 26 Jan. | 1 & 3 ☿ | |
| | | |
| 1765. 1 Apr. | 1 & 3 ☿ | |
| 1724. | | |
| 1739. 24 Apr. | | eingegangen |
| | | |
| 1770. | | im Engliſchen Kalender |
| 1770. | | Eben daſelbſt |
| 1749. | | Schottiſche Loge zu neun gekrönten Sternen |

| No. | Ort | Land | Logenname | Stif. od. Gr. M. |
|---|---|---|---|---|
| 691 | *Prag* | | *Drei gekroente Saeulen.* | *S.O.* |
| 692 | — — | | *Cafimir zu den drei gekroenten Sternen u. 3 gekrönten Säulen* | *S.O.* |
| 693 | *Prescot* | *Lanca-shire* | *Royal Oak* | *E.* |
| 694 | *Preston* | *Lanca-shire* | *Lodge of Justi-ce* | *E.* |
| 695 | *Puy* | *Velai* | *La parfaite Union* | *Fr.* |
| 696 | *Pyrmont* | | *Friedrich zu den drei Quellen* | *S. O.* |
| | **Q** | | | |
| 697 | *Quebec* | | *Marchant's Lodge* | *E.* |
| 698 | — — | | *St. Andrews* | *E.* |
| 699 | — — | | | *E.* |
| 700 | — — | | *St. Patric* | *E.* |
| 701 | — — | | | *E.* |
| 702 | — — | | *Select Lodge* | *E.* |
| 703 | *Querfurth* | | *Minerva zu den drei Lichtern* | *S. O.* |
| 704 | *Quimper* | | *La parfaite Union* | *Fr.* |

| Stiftung | Logentag | Vermifchte Sachen |
|---|---|---|
| | | |
| | | arbeitet nur im 4ten Grad der S. O. |
| 1753. 20 Dec. | ☿ vor Voll- mond | |
| 1775. 28 Dec. | | |
| | | |
| 1776. | | |
| | | |
| | | |
| | | |
| | | Am Bord eines königlichen Schiffs |
| | | |
| | | Dem 52ten Regiment zu Fufs gehörig |
| | | |
| 1774. | | |
| | | |

G

| No. | Ort | Land | Logenname | Sid. od. Gr. M. |
|---|---|---|---|---|
| | **R** | | | |
| | | | *Regiments Lo-gen* | |
| 705 | *Englifche* | *the 8th Regiment of Foot* | *N. 8.* | *E.* |
| 706 | — — | *Lord Ancrams Reg. of Dragons* | | *E.* |
| 707 | *Franzöfifche* | *Beaujolois* | *La triple Alliance* | *Fr.* |
| 708 | — — | *Guyenne* | *St. Louis* | *Fr.* |
| 709 | — — | *Hainaut* | *Montmorancy Luxembourg* | *Fr.* |
| 710 | — — | | *Luxembourg* | *Fr.* |
| 711 | — — | *Lyonnois* | *La parfaite Union* | *Fr.* |
| 712 | — — | | *Paix et Union* | *Fr.* |
| 713 | — — | *Roi. Champagne* | *St. Jean* | *Fr.* |
| 714 | — — | *Roi. Pologne* | *La tendre fraternité* | *Fr.* |
| 715 | — — | *Roi. Rouffillon* | *La parfaite Union* | *Fr.* |
| 716 | — — | *Roi des Valffeaux* | *l' heureux Hazard* | *Fr.* |
| 717 | — — | *Saintonge* | *St. Charles des amis reunis* | *Fr.* |

| Stiftung | Logentag | Vermifchte Sachen |
|---|---|---|
|  |  |  |
|  |  |  |
| 1755. 15 Febr. | 1 & 3 ♂ |  |
| 1755. 7 Febr. |  | in Capt. Bells Compagnie |
|  |  |  |
|  |  |  |
|  |  | gehört den Oberofficiren |
|  |  | den Unterofficiren |
|  |  | den Oberofficiren S. |
|  |  | den Unterofficiren |
|  |  |  |
|  |  |  |
|  |  |  |
|  |  |  |
|  |  |  |

| No. | Ort | Land | Logenname | Str. od. Gr. M. |
|---|---|---|---|---|
| 718 | *Französische* | La Sarre | La Pureté | Fr. |
| 719 | — — | Vermandois | La parfaite Union | Fr. |
| 720 | *Regensburg* | | drei Schlüssel | |
| 721 | — — | | La Croissante | |
| 722 | *Reichenbach* | Schlesien | Hercules | Z. |
| 723 | *Reims* | | La Triple Union | Fr. |
| 724 | *Rendsburg* | | Josua zum Korallen Baum | S. O. |
| 725 | *Rennes* | | La parfaite Amitié | Fr. |
| 726 | — — | | La parfaite Union | Fr. |
| 727 | *Rhode Island* | | Providence Lodge | E. |
| 728 | *Richmond* | Yorkshire | Blue Bell | E. |
| 729 | *Riga* | Livland | Schwerdt | S. O. |
| 730 | — — | | Apollo | Z. |
| 731 | *Rinteln* | | rother Loewe | Z. |
| 732 | *Riom* | | St. Amable | Fr. |

| Stiftung | Logentag | Vermischte Sachen |
|---|---|---|
| | | S. |
| | | |
| | | im Englischen Kalender |
| 1773. | | ebendaselbst |
| | | |
| | | |
| | | |
| | | |
| | | |
| 1757. 18 Jan. | | |
| 1763. 4 Mai. | 1 D | |
| | | |
| | | |
| | | |
| | | |

| No. | Ort | Land | Logenname | Stift. od. Gr. M. |
|-----|-----|------|-----------|-------------------|
| 733 | Rochefort | | l'aimable Concorde | Fr. |
| 734 | Roseau | Dominica | Good Friends | E. |
| 735 | Rostock | | Drei Sterne | S. O. |
| 736 | Roterdam | | La Perseverance | H. |
| 737 | — — | | Royal Frederic | E. |
| 738 | — — | | British Union | E. |
| 739 | — — | | Three Pillars | E. |
| 740 | — — | | La Victoire | E. |
| 741 | — — | | La Paix du Bas Rhin | H. |
| 742 | — — | | L'Inseparable | H. |
| 743 | Rumford | Essex | Sun | E. |
| 744 | Rye | Sussex | Red Lion | E. |
| | **S** | | | |
| 745 | Sachsenfeld | Erzgebürge | Drei Rosen | S. O. |
| 746 | Saintes | | La Sincerité | Fr. |

| Stiftung | Logentag | Vermifchte Sachen |
|---|---|---|
| | | |
| 1773. 29 Nov. | | |
| | | Schottifche Loge Karl zur Sonne |
| 1759. | | |
| 1762. 25 Jan. | | Diefe und die drei folgenden Roterdamer Logen ftehn in der Englifchen Lifte |
| 1767. 1 Aug. | | |
| 1767. 21 Aug. | | |
| 1768. 17 Mart. | | |
| 1767. | | Kaufmanns Loge |
| 1767. | | Diefe und die vorhergehende ftehn blos im engl. Kalender |
| 1738. 13 Mart. | 1 & 3 ♀ | eingegangen. |
| 1765. 10 Jul. | 1 & 3 ♂ | |
| | | |
| 1741. | 24 Jun. 27 Dec. und noch 4mal des Jahrs | |
| | | |

| No. | Ort | Land | Logenname | Stift: od. Gr. M. |
|---|---|---|---|---|
| 747 | St. à Croix | Weft-indien | | E. |
| 748 | — — | | à la fainte Croix | S. O. |
| 749 | St. Albans | | | E. |
| 750 | St. Brieux | | La Vertu tri-omphante | Fr. |
| 751 | St. Chrifto-phers | Baffe Terre | Scotch Arms | E. |
| 752 | — — | | Old Road | E. |
| 753 | — — | | | E. |
| 754 | St. Domingue | | Les Freres choi-fis | Fr. |
| 755 | St. Euftache | Weft-indien | St. Pierre | H. |
| 756 | — — | | Les parfaits Maçons | H. |
| 757 | — — | | St. Jean Baptifte | H. |
| 758 | — — | | New Lodge | E. |
| 759 | — — | | N. 2. | E. |
| 760 | — — | | Union Lodge | E. |
| 761 | St. Giles's | | Caffle | E. |

| Stiftung | Logentag | Vermifchte Sachen |
|---|---|---|
| . 1756. | | fteht in der Englifchen Lifte |
| | | |
| 1738. 10 Febr. | | eingegangen |
| | | |
| 1739. 21 Jun. | 1 ♃ | Mother Lodge |
| 1742. 17. Jun. | | |
| 1750. 20 Jul. | | |
| | | |
| 1757. | | |
| 1758. | | |
| 1760. | | |
| 1747. 6 Jun. | | Diefe und die 2 folgenden ftehn in der engl. Lifte |
| 1754. | | |
| 1772. | | |
| 1730. | | eingegangen |

| No. | Ort | Land | Logenname | Sift.od. Gr. M. |
|---|---|---|---|---|
| 762 | St. Hilary | Jerfey | N. 1. | E. |
| 763 | St. James | Jamaica | Union Lodge | E. |
| 764 | St. Jean d'Angely | | L'Egalité | Fr. |
| 765 | St. Johns | Antigua | Baker's Lodge | E. |
| 766 | — — | | Great Lodge | E. |
| 767 | St. Ives | Cornwall | Ship | E. |
| 768 | St. Malo | | La Triple Eſſence | Fr. |
| 769 | St. Pierre | Martinique | La tendre fraternité | Fr. |
| 770 | St. Quentin | | St. Jean | Fr. |
| 771 | St. Roks Hill | | | E. |
| 772 | Salford | bei Manchefter | King's Head | E. |
| 773 | Salisbury | | Sarum Lodge | E. |
| 774 | Salop | | Globe | E. |
| 775 | Savannah | Georgia | Grenediers Lodge | E. |
| 776 | — — | | Salomon's Lodge | E. |

| Stiftung | Logentag | Vermischte Sachen |
|---|---|---|
| 1765. | | |
| 1771. | | N. 5. |
| | | |
| 1738. 14 Mart. | | |
| 1738. 22 Nov. | 2 & 4 ☿ | |
| 1765. 16 Jul. | 1 & 3 ♂ | |
| | | S. |
| | | |
| | | |
| uralt | | eingegangen |
| 1727. | | eingegangen |
| 1732. 27 Dec. | 1 & 3 ☿ | |
| 1762. 28 Mai. | | kaſſirt 1775. |
| 1775. | 1 & 3 ♄ | |
| 1735. | 1 & 3 ♃ | N. 1. |

| No | Ort | Land | Logenname | Sik. od. Gr. M. |
|---|---|---|---|---|
| 777 | Savannah | Georgia | Unity Lodge | E. |
| 778 | Savannah La Mar | Jamaica | Union Lodge | E. |
| 779 | Schlesien | Herzog-thum | Christian zum Firmamente | S. O. |
| 780 | Schleswig | | Salomon zum goldnen Loewen | S. O. |
| 781 | Schmiedeberg | Schlesien | Drei Steinklippen | |
| 782 | — — | | | Z. |
| 783 | Schrewsburg | | Fontaine | E. |
| 784 | Schweden | König-reich | | E. |
| 785 | — — | | | E. |
| 786 | — — | | | E. |
| 787 | Schwerin | Meklen-burg | St. Michael | E. |
| 788 | Scarborough | | three Tuns | E. |
| 789 | Scilly | S. Mary's Island | | E. |
| 790 | Sheffield | York-shire | Crown and Rose | E. |
| 791 | Shipton Mallet | Sommer-setshire | Angel | E. |

| Stiftung | Logentag | Vermifchte Sachen |
|---|---|---|
| 1774. | 1 ☌ 3 ♀ | N. 2. |
| 1776. | 2 ☌ 4 ☿ | N. 11. |
| | | *Ift blos Schottifche Loge* |
| 1775. | | *Schottifche Loge Karl zum ftehenden Löwen* |
| | | *fteht im engl. Kalender fälfchlich unter Hirfchberg* |
| | | |
| 1736. 16 Apr. | | *eingegangen* |
| 1769. | | N. 1. |
| 1769. | | N. 2. |
| 1769. | | N. 3. |
| 1754. 15 Mai. | | *fteht im Engl. Kalender* |
| 1729. 27 Aug. | | *eingegangen* |
| 1768. 13 Jul. | | |
| 1765. 19 Apr. | 2 ♀ | |
| 1737. 23 Dec. | 1 ☌ 3 ☽ | *eingegangen* |

| No. | Ort | Land | Logenname | Slft. od. Gr. M. |
|---|---|---|---|---|
| 792 | Shoreham | | Delphin | E. |
| 793 | Southampton | | Lodge of Concorde | E. |
| 794 | South Shields | Durham | St. Bedes Lodge | E. |
| 795 | Spalding | Lincoln-fhire | Black Bull | E. |
| 796 | Spanij h Town | Jamaica | | E. |
| 797 | Stargard | Pommern | Schild | Z. |
| 798 | — — | | Augufta zur goldnen Krone | S. O. |
| 799 | Stendal | | goldne Krone | Z. |
| 800 | Stettin | | drei goldne Anker | Z. |
| 801 | — — | | drei goldne Zirkel | S. O. |
| 802 | Stockholm | | | S. |
| 803 | Stokton upon Tees | Durham | Black Lion | E. |
| 804 | Stourbridge | Worce-fterfhire | Three Tuns | E. |
| 805 | — — | | Dog | E. |
| 806 | Stralfund | | Eintracht | |

| Stiftung. | Logentag | Vermifchte Sachen |
|---|---|---|
| 1766. 18 Apr. | 2 & 4 ♃ | |
| 1775. 1 Jul. | | |
| 1774. 7 Mai. | | |
| 1739. 22 Jun. | | eingegangen |
| 1776. | | N. 10. |
| | | |
| | | |
| | | |
| | | |
| | | |
| | | grosfe Loge |
| 1724. 2 Febr. | 1 & 3 ♀ | |
| 1769. 6 Febr. | | |
| 1733. 1 Aug. | | eingegangen |
| 1771. | | fteht im engl. Kalender |

| No. | Ort | Land | Logenname | Sift. od. Gr. M. |
|---|---|---|---|---|
| 807 | Strasburg | | La Candeur | S. O. |
| 808 | — — | | Le parfait Silence | S. O. |
| 809 | — — | | La parfaite Amitié | Fr. |
| 810 | — — | | St. Louis d'Alface | |
| 811 | — — | | La Conftance | |
| 812 | — — | | La Modefte | |
| 813 | — — | | Loge Heredon | |
| 814 | Stuttgard | | Drei Zedern | S. O. |
| 815 | Sunderland | Durham | Golden Lion | E. |
| 816 | — — | | Sea Captains Lodge | E. |
| 817 | Surinam | | La Zélée | H. |
| 818 | — — | | Concordia | H. |
| 819 | — — | | L' Union | H. |
| 820 | — — | | La Croiffante des trois Clefs | H. |
| 821 | Siwafham | Norfolk | Crown | E. |

| Stiftung | Logentag | Vermifchte Sachen |
|---|---|---|
| | | *fteht auch zu gleicher Zeit mit in der engl. Lifte* |
| | | |
| | | |
| 1750. | | |
| 1754. | | |
| 1758. | | |
| 1760. | | *Diefe 4 leztern Strasburger Log. ftehn blos im engl. Kal* |
| | | *Schottifche Loge Karl zu der drei Zederu.* |
| 1755. 7 Oct. | 1 ♀ | |
| 1757. 14 Jan. | 1 ☌ 3 ♂ | |
| 1767. | | *Provinzial Grosf - Meifter* |
| 1773. | | |
| 1773. | | |
| 1768. | | *Sie fteht nur im englifchen Kalender* |
| 1764. 17 Dec. | | |

H

| No. | Ort | Land | Logenname | Sift. od. Gr. M. |
|---|---|---|---|---|
| 822 | Swallwall | | Lodge of Industry | E. |
| 823 | Swansea | | Beaufort Lodge | E. |
| 824 | Swoll | | La Zélée d'Amis | H. |

## T

| No. | Ort | Land | Logenname | Sift. od. Gr. M. |
|---|---|---|---|---|
| 825 | Taunton | Sommerfetfhire | St. George | E. |
| 826 | — — | | Union Lodge | E. |
| 827 | Tewkesbury | Gloucefterfhire | Swan | E. |
| 828 | Thiel | | L'amour fraternel | H. |
| 829 | Tinemouth | Devonfhire | Exeter Inn | E. |
| 830 | Tiverton | | All Souls, Lodge | E. |
| 831 | Topsham | | Salutation | E. |
| 832 | Toulouse | | Les Elus des Chartres | Fr. |
| 833 | — — | | La Sagesse | Fr. |
| 834 | — — | | St. Jean d'Ecosse | Fr. |
| 835 | — — | | Les Coeurs reunis | Fr. |

| Stiftung | Logentag | Vermifchte Sachen |
|---|---|---|
| 1735. 24 Jun. | 1 ☽ und 3 ♄ | |
| 1769. | | |
| 1773. | | fteht nur im englifchen Kalender |
| | | |
| 1764. 13 Jul. | | |
| 1773. 7 Jun. | 1 ☌ 3 ♂ | |
| 1738. 26 Oct. | | eingegangen |
| 1765. | | |
| 1769. 24 Mart. | 1 ☌ 3 ☽ | |
| 1767. 24 Oct. | | |
| 1764. 30 Aug. | 2 ☌ 4 ☿ | |
| | | |
| | | |
| | | |
| | | S. |

| No. | Ort | Land | Logenname | Stif.od. Gr: M. |
|---|---|---|---|---|
| 836 | Tournon | | La parfaite Union | Fr. |
| 837 | Tournus | | La parfaite Union | Fr. |
| 838 | Turin | | St. Jean | E. |
| | **U.** | | | |
| 839 | Utrecht | | L'Aſtrée | H. |
| 840 | — — | | La parfaite Amitié | H. |
| 841 | — — | | La Bienfaiſance | H. |
| 842 | — — | | La Compagnie durable | H. |
| | **V** | | | |
| 843 | Valence | Dauphiné | La Sageſſe | Fr. |
| 844 | Valenciennes | | La parfaite Union | Fr. |
| 845 | — — | | | E. |
| 846 | Vaux Hall | | Liberty | E. |
| 847 | — — | | Royal Oak | E. |
| 848 | Venedig | | Union Lodge | E. |

| Stiftung, | Logentag | Vermischte Sachen |
|---|---|---|
| | | S. |
| | | |
| 1775. 25 Mart. | | |
| | | |
| 1760. | | In der holländischen Liste |
| 1765. | | Diese und die zwo folgenden stehn blos im engl. Kalender |
| 1765. | | |
| 1770. | | |
| | | |
| | | S. |
| | | |
| 1733. | | in der englischen Liste |
| 1772. 5 Dec. | 1 ♃ | |
| | 3 ♀ | |
| 1772. 27 Nov. | | |

| No. | Ort | Land | Logenname | Meth. Gr. M. |
|---|---|---|---|---|
| 849 | *Verona* | | | *E.* |
| 850 | *Vire* | | *St. Guillaume* | *Fr.* |
| 851 | *Voiron* | | *La parfaite Amitié* | *Fr.* |
| 852 | *Volarske* | *Böhmen* | *drei Standarten* | *S. O.* |

## W

| No. | Ort | Land | Logenname | Meth. Gr. M. |
|---|---|---|---|---|
| 853 | *Wakefield* | *York-shire* | *George and Crown* | *E.* |
| 854 | *Wandsworth* | | *King's Arms* | *E.* |
| 855 | *Warminster* | *Wilt-shire* | *Lord Wey-mouths Arms* | *E.* |
| 856 | *Warrington* | *Lanca-shire* | *Wool Pack* | *E.* |
| 857 | *Warschau* | *Polen* | *Karl zu den drei Helmen* | *S. O.* |
| 858 | *Warwick* | | | *E.* |
| 859 | *Weimar* | | *Amalia* | *S. O.* |
| 860 | — — | | *Amitie* | |
| 861 | *Wesel* | | *goldnes Schwerdt* | *S. O.* |
| 862 | *Weymouth* | *Dorset-shire* | *three Crowns* | *E.* |

| Stiftung | Logentag | Vermifchte Sachen |
|---|---|---|
| 1772. 28 Nov. | | |
| | | |
| | | |
| | | *Iſt ohne Zweifel diejenige welche ſich nun in Lemberg befindet* |
| | | |
| 1766. 15 Febr. | | |
| 1723. 30 Mart. | 1 ♂ | |
| 1735. | | *eingegangen* |
| 1765. 8 Nov. | *lezten* ☽ | |
| | | *Schottiſche Loge* |
| 1728. 22 Apr. | | *eingegangen* |
| | | *Schottiſche Loge* |
| 1767. | | *im engl. Kalender* |
| 1776. | | — |
| 1736. | | *eingegangen* |

| No. | Ort | Land | Logenname | Sic. od. Gr. M. |
|---|---|---|---|---|
| 863 | *Wezlar* | | *Joseph zu, den drei Helmen* | S. O. |
| 864 | *Whitby* | *York-shire* | *Plough* | E. |
| 865 | *Whitehaven* | *Cumber-land* | *St. George* | E. |
| 866 | — — | | *Square and Compas* | E. |
| 867 | *W — —* | *Teutfch-land* | *drei Adler* | S. O. |
| 868 | *W — —* | | *drei Herzen* | |
| 869 | *W — —* | | *gekrönte Hoff-nung* | Z. |
| 870 | *W — —* | | *Joseph* | Z. |
| 871 | *Williamsburg* | *Virginia* | *Williamsburg Lodge* | E. |
| 872 | *Willmington* | *North Carolina* | | E. |
| 873 | *Windsor* | | *Bell and Castle* | E. |
| 874 | *Wismar* | | *drei Löwen* | S. O. |
| 875 | *Wolverhamp-ton* | | | E. |
| 876 | — — | | *Swan* | E. |
| 877 | *Woodstreet* | | *Three Tuns* | E. |

| Stiftung | Logentag | Vermifchte Sachen |
|---|---|---|
|  |  |  |
| 1772. 13 Febr. |  |  |
| 1740. 19 Mart. |  | eingegangen |
| 1761. 4 Mai. | 2 ☽ |  |
|  |  |  |
| 1771. |  | im engl. Kalender |
|  |  |  |
|  |  |  |
| 1773. 6 Nov. |  |  |
| 1755. 2 Mart. |  |  |
| 1759. 6 Jun. |  | kaffirt 1775. |
|  |  | Schottifche Loge Guftav zum goldnen Hammer |
| 1732. 28 Mart. |  | eingegangen |
| 1735. 8 Mart. | 1 ♂ 3 ♃ |  |
| 1736. 22 Mart. |  | eingegangen |

| No. | Ort | Land | Logenname | Stift: od. Gr. M. |
|---|---|---|---|---|
| 878 | *Wooler* | | *All Saints Lodge* | E. |
| 879 | *Woolwich* | | *Crown and Anchor* | E. |
| 880 | *Woorden* | | *La bonne Espe-rance* | H. |
| 881 | *Workington* | | *Green Dragon* | E. |
| 882 | — — | | *Sun and Sector* | E. |
| 883 | *Wrotham* | Kent | *Friendschip* | E. |
| 884 | *Wynnstay Lodge* | Denbig-schire | | E. |
| | **Y** | | | |
| 885 | *Yarmouth* | Norfolk | *Angel* | E. |
| 886 | — — | | *See Captains Lodge* | E. |
| 887 | *Yassy* | Moldau | *Mars* | E. |
| 888 | *York* | | *Apollo* | E. |
| 889 | *York Town* | Virginia | *Swan* | E. |
| 890 | **Z** | | | |
| 891 | *Zütphen* | | *Le Temple de bonheur* | H. |

| Stiftung | Logentag | Vermiſchte Sachen |
|---|---|---|
| 1762. 1 Jan. | | kaſſirt 1775. |
| 1774. 19 Mart. | 1 ♃ | |
| 1774. | | im engliſchen Kalender |
| 1762. 22 Sept. | | kaſſirt 1775. |
| 1775. | | |
| 1772. 19 Jun. | | |
| 1771. 31 Aug. | | |
| | | |
| 1751. 6 Jun. | | |
| 1759. 1 Jan. | 2 ♂ | |
| 1774. | | N. 4. |
| 1773. 31 Jul. | | |
| 1755. 1 Aug. | 1 ☿ 3 ☿ | |
| | | |
| 1773. | | ſteht nur allein im engliſchen Kalender |

124

A. n.

*Alle Logen, welche in den Jahren 1773. bis*
*Lifte von 1775, aber ohne Ort und ohne*
Tage und

| No. | Ort | Land | Logenname | Sift. od. Gr. M. |
|---|---|---|---|---|
| 1 | Aubigny | Frank-reich | Chatél | E. |
| 2 | Baldock | | White Horfe | E. |
| 3 | Briftol | | three Queens | E. |
| 4 | Canterbury | | King's Head | E. |
| 5 | Cardiffe | Glamor-ganfhire | Bear | E. |
| 6 | Chippenham | | Hart | E. |
| 7 | Cowbridge | | Bear | E. |
| 8 | Cowes, Weft | Isle ot Wight | Vine Tavern | E. |
| 9 | Helfton | Corn-wall | King's Arms | E. |
| 10 | Jamaica | | Port Royal Lodge | E. |
| 11 | — — | | St. Jago de la Vega | E. |
| 12 | — — | | Parifh of St. Mary | E. |

# b a n g.

*1776. kaßirt wurden, ßehn noch in der Logen*
*Logennamen, blos nach dem Stiftungs*
*Jahre.*

| Stiftung | Logentag | Vermifchte Sachen |
|---|---|---|
| *1735. 12 Aug.* | 1 D | *eingegangen* |
| *1775. 1 Jul.* | | |
| *1759. 2 Jul.* | | *kaßirt 1774.* |
| *1760. 14 Jan.* | | |
| *1754. Aug.* | | |
| *1764. Mai.* | | |
| *1754. Sept.* | | |
| *1732. 17 Febr.* | | |
| *1752. 14 Apr.* | | |
| *1742.* | | *kaßirt 1773.* |
| *1746. 29 Apr.* | | |
| *1757. 17 Febr.* | | |

| No | Ort | Land | Logenname | Sift. od. Gr. N. |
|---|---|---|---|---|
| 13 | *Loeſtoffe* | Suffolk | *Queens Head* | E. |
| 14 | *Monmouth* | | | E. |
| 15 | *Portsmouth* | | *King's Arms* | E. |
| 16 | *Roſs* | Here-fordſhire | *Swan and Falcon* | E. |
| 17 | *Shoreham* | | *Delphin* | E. |
| 18 | *Sittingbourne* | | *Roſe* | E. |
| 19 | *Stubbington* | | *Hants* | E. |
| 20 | *Warminſter* | | *Angel* | E. |
| 21 | *Wolverhamp-ton* | | *Swan* | E. |
| 22 | *Ohne Ort* | | | E. |

| Stiftung | Logentag | Vermifchte Sachen |
|---|---|---|
| 1754. 29 Oct. | | kaſſirt 1774. |
| | | |
| 1762. 2 Nov. | | kaſſirt 1773. |
| 1764. 3 Mai. | | kaſſirt 1774. |
| 1766. 18 Apr. | | kaſſirt 1774. |
| 1764. | | |
| 1763. 6 Aug. | | kaſſirt 1773. |
| 1770. 1 Mart. | | kaſſirt 1774. |
| 1736. 20 Sept. | | kaſſirt 1773. |
| 1762. 22 Mai. | | |

*N.* Die Loge zu Briſtol Fountain, welche 1775. kaſſirt wurde, ward 1776 wieder herge-ſtellt. Hingegen wurden die Logen zu Black-wall King's Arms, und die zu Leed, Parrot 1776. aufgehoben.

# *Verbefferungen*

S. 4 ſtatt *Annonag*, lies *Annonay*

S. 6 ſtatt *Bed Islano*, lies *Beef Isl.*

S. 26 ſtatt *Dyon*, lies *Dijon*

S. 34 ſtatt *Glanſeuil*, lies *Glanſeuil*